Mosaik
bei GOLDMANN

Buch

Angesichts der schwierigen Lage auf dem Arbeitsmarkt ist heute die innerbetriebliche Karriere eine sichere Aufstiegsvariante. Der kompetente Autor und Karriere-Profi Hans-Joachim von Plüskow zeigt, wie man Schwächen ab- und Stärken ausbaut und welche Weiterbildungsangebote sinnvoll sind. Tests wie »Sind Sie bereit für den Aufstieg?« erleichtern die persönliche Einschätzung. Finanzierungstips, Anleitungen für die individuelle Karrierestrategie und Karrierebeispiele helfen zuverlässig auf dem Weg nach oben.

Autor

Hans-Joachim von Plüskow war nach seinem Betriebswirtschaftsstudium 13 Jahre bei dem Wirtschaftsmagazin »Capital« für Karrierethemen zuständig. Seit 1992 ist er bei dem Unternehmermagazin »Impulse« verantwortlicher Redakteur für die Bereiche Existenzgründung und Personal. Darüber hinaus ist der Autor erfolgreicher Sachbücher und Ratgeber.

Im Goldmann Verlag sind vom Autor außerdem erschienen:

Erfolgreich in die Selbständigkeit (13893)
Mit Erfolg bewerben (13970)
Abitur – und danach? (13937)
Die richtige Bewerbung für Hochschulabsolventen und Führungskräfte (13945)

HANS-JOACHIM
VON PLÜSKOW

Karriere ohne Firmenwechsel

Tips und Anleitungen für
den innerbetrieblichen Aufstieg

Mosaik
bei GOLDMANN

Umwelthinweis:
Alle bedruckten Materialien dieses Taschenbuches
sind chlorfrei und umweltschonend.

Originalausgabe März 2000

Umschlaggestaltung: Design Team München
unter Verwendung folgender Fotos:
Umschlag: The Image Bank, Donata Pizzi
Umschlaginnenseiten: Premium, Stock Image
Redaktion: Thomas Kröll
Druck: Presse-Druck Augsburg
Verlagsnummer: 16193
Kö · Herstellung: Max Widmaier
DTP/Layout: Martin Strohkendl
Made in Germany
ISBN 3-442-16193-2

1 3 5 7 9 10 8 6 4 2

Inhalt

Vorwort

Es muß längst nicht immer gleich ein Jobwechsel sein, um die Weichen auf beruflichen Aufstieg zu stellen. Im Gegenteil: Wer heute allzu leichtfertig seinem Arbeitgeber den Rücken kehrt, nur weil ein anderes Unternehmen mit besserem Gehalt oder mehr Verantwortung lockt, pokert hoch, oft zu hoch. Denn häufig erweisen sich solche Umstiege als Flops. Die neuen Kollegen schalten in vielen Fällen auf stur, wenn ihnen ein Fremder vor die Nase gesetzt wird. Und häufig stellt sich während der Probezeit heraus, daß die so interessant dargestellte Position in Wirklichkeit keinerlei Herausforderung bedeutet – im Gegenteil.

Wer statt dessen auf eine Karriere bei seinem Arbeitgeber setzt, hat oft wesentlich größere Möglichkeiten aufzusteigen, mehr Geld zu verdienen und ganz wichtig – so richtig Spaß an seiner Aufgabe zu bekommen.

Wie gut die Chancen für einen Aufstieg ohne Firmenwechsel stehen, hat das Unternehmermagazin »impulse« in einer aktuellen Umfrage ermittelt. Demnach rekrutieren Firmen den Nachwuchs für das mittlere Management und die oberen Führungsetagen am liebsten aus den eigenen Reihen. Die Folge: Wer seine ganz persönliche Karrierestrategie entwickelt und seinen Vorgesetzten geschickt auf sich aufmerksam macht, verleiht dem beruflichen Fortkommen die entscheidende Schubkraft.

Natürlich verlangen Chefs mehr als durchschnittliches Engagement, bevor sie einem Mitarbeiter verantwortungsvollere

Aufgaben übertragen. Keine Angst: Wer endlich der Alltagsroutine entfliehen möchte und neue Herausforderungen sucht, muß in Zukunft nicht restlos auf Urlaub und Feierabend verzichten. Karriere ohne Abschied vom alten Arbeitgeber läßt sich in vielen Fällen ohne großen Zeitaufwand realisieren.

Dieses Buch zeigt, welche Eigenschaften Vorgesetzte bei ihren Leuten besonders schätzen und welche Fähigkeiten heute die Basis für den beruflichen Erfolg bilden. Ausführliche Tests verraten, in welchen Bereichen es noch Schwächen zu beseitigen gilt. Detaillierte Handlungsanweisungen erläutern, wie sich diese Defizite beseitigen lassen, damit der Weg zu mehr Verantwortung, mehr Spaß und natürlich mehr Gehalt endlich offen steht – ganz ohne Bewerbungsstreß und die Gefahr, sich möglicherweise für einen falschen Arbeitgeber entschieden zu haben.

Packen Sie es an, und starten Sie durch. Die Chancen stehen besser als Sie denken. Lesen Sie den Ratgeber nicht nur einmal gründlich durch. Nehmen Sie das Buch in regelmäßigen Abständen immer wieder zur Hand, und stellen Sie sich den Tests aufs neue.

Großer Dank gebührt Catrin Kindler, die auch bei diesem Buch wesentliche Recherchen übernommen und damit entscheidend zu seinem Gelingen beigetragen hat.

Köln, März 2000
Hans-Joachim von Plüskow

Die ersten Schritte auf dem Weg nach oben

Sind Sie fit für den nächsten Karriereschritt?

Völlig ohne ein Quentchen Glück funktioniert so gut wie gar nichts. Das gilt natürlich auch für die Karriere. Die entscheidenden Voraussetzungen für den Erfolg müssen Sie aber selbst mitbringen. Die folgenden Aussagen helfen Ihnen, herauszufinden, ob Sie tatsächlich schon das notwendige Handwerkszeug für den Aufstieg besitzen.

A. Einsatzbereitschaft

Überstunden sind für mich selbstverständlich, wenn es darum geht, dringende Aufgaben zu erledigen.

Punktzahl

1 trifft voll zu
2 trifft fast immer zu
3 trifft zu 50 Prozent zu
4 trifft kaum zu
5 trifft nicht zu ☐

Bei wichtigen Terminarbeiten habe ich nichts dagegen, auch an Wochenenden zu arbeiten.

1 trifft voll zu
2 trifft fast immer zu

3 trifft zu 50 Prozent zu
4 trifft kaum zu
5 trifft nicht zu ☐

Neue Aufgaben fordern mich heraus und bereiten mir keine Angst.

1 trifft voll zu
2 trifft fast immer zu
3 trifft zu 50 Prozent zu
4 trifft kaum zu
5 trifft nicht zu ☐

Ich mache mir gerne darüber Gedanken, wie mein Arbeitgeber Arbeitsabläufe oder andere Prozesse rationeller lösen könnte.

1 trifft voll zu
2 trifft fast immer zu
3 trifft zu 50 Prozent zu
4 trifft kaum zu
5 trifft nicht zu ☐

Im Urlaub kann man durchaus »zwei Fliegen mit einer Klappe schlagen« – sich entspannen und eine Fremdsprache lernen.

1 trifft voll zu
2 trifft fast immer zu
3 trifft zu 50 Prozent zu
4 trifft kaum zu
5 trifft nicht zu ☐

Ich kann zwar nach Dienstschluß gut abschalten. Trotzdem gehört es meiner Meinung nach einfach dazu, in der Freizeit wichtige Fachliteratur zu lesen und Themen, die in irgendeiner Weise meinen Job betreffen, im Fernsehen zu verfolgen.

1 trifft voll zu

2 trifft fast immer zu
3 trifft zu 50 Prozent zu
4 trifft kaum zu
5 trifft nicht zu ☐
Gesamtpunktzahl A ☐☐

B. Fachliche Qualifikation

Weiterbildungsangebote meines Arbeitgebers habe ich schon oft genutzt.

Punktzahl
1 trifft voll zu
2 trifft fast immer zu
3 trifft zu 50 Prozent zu
4 trifft kaum zu
5 trifft nicht zu ☐

Für Weiter- und Fortbildung investiere ich auch gerne meine Freizeit. Solche Lehrgänge und Seminare müssen nicht immer nur während der Arbeitszeit stattfinden.
1 trifft voll zu
2 trifft fast immer zu
3 trifft zu 50 Prozent zu
4 trifft kaum zu
5 trifft nicht zu ☐

Mir ist völlig klar, daß es nicht ausreicht, nur hin und wieder ein Seminar zu besuchen. Man muß sich ständig weiterbilden, weil fachliches und persönliches Know-how heute schneller veralten als früher.
1 trifft voll zu
2 trifft fast immer zu
3 trifft zu 50 Prozent zu

4 trifft kaum zu
5 trifft nicht zu ☐

Mit welchen Produkten oder Dienstleistungen die Konkurrenz besonders erfolgreich ist oder einen Flop gelandet hat, weiß ich immer ganz genau.
1 trifft voll zu
2 trifft fast immer zu
3 trifft zu 50 Prozent zu
4 trifft kaum zu
5 trifft nicht zu ☐

So oft wie möglich, besuche ich Fachmessen und Veranstaltungen meiner Branche.
1 trifft voll zu
2 trifft fast immer zu
3 trifft zu 50 Prozent zu
4 trifft kaum zu
5 trifft nicht zu ☐

Natürlich weiß ich ziemlich genau, wie die Arbeitsabläufe in anderen Abteilungen aussehen.
1 trifft voll zu
2 trifft fast immer zu
3 trifft zu 50 Prozent zu
4 trifft kaum zu
5 trifft nicht zu ☐
Gesamtpunktzahl B ☐☐

C. Persönliches Know-how

Punktzahl

Meine Familie unterstützt mich bei meinen beruflichen Plänen.

1 trifft voll zu
2 trifft fast immer zu
3 trifft zu 50 Prozent zu
4 trifft kaum zu
5 trifft nicht zu ☐

Streß kenne ich eigentlich nicht. Meine Arbeit macht mir Spaß, meine Freizeit genieße ich.

1 trifft voll zu
2 trifft fast immer zu
3 trifft zu 50 Prozent zu
4 trifft kaum zu
5 trifft nicht zu ☐

Terminprobleme habe ich nicht. Ich bin eigentlich immer in der Lage, meine Arbeit zum verabredeten Zeitpunkt abzuliefern.

1 trifft voll zu
2 trifft fast immer zu
3 trifft zu 50 Prozent zu
4 trifft kaum zu
5 trifft nicht zu ☐

Auf meinem Schreibtisch gibt es keine Unordnung.

1 trifft voll zu
2 trifft fast immer zu
3 trifft zu 50 Prozent zu
4 trifft kaum zu
5 trifft nicht zu ☐

Mit ausländischen Lieferanten und Kunden kann ich mich ziemlich gut verständigen.

1 trifft voll zu
2 trifft fast immer zu
3 trifft zu 50 Prozent zu
4 trifft kaum zu
5 trifft nicht zu

Es bereitet mir keine Schwierigkeiten, mich ziemlich schnell in das Arbeitsgebiet eines Kollegen einzuarbeiten.

1 trifft voll zu
2 trifft fast immer zu
3 trifft zu 50 Prozent zu
4 trifft kaum zu
5 trifft nicht zu ☐

Meine Vorgesetzten und Kollegen hören immer sehr schnell und genau von mir, was für eine Meinung ich vertrete.

1 trifft voll zu
2 trifft fast immer zu
3 trifft zu 50 Prozent zu
4 trifft kaum zu
5 trifft nicht zu ☐

Gesamtpunktzahl C ☐☐

D. Umgang mit Kollegen und Vorgesetzten

Mit meinem Chef bespreche ich durchaus auch private Dinge.

1 trifft voll zu
2 trifft fast immer zu
3 trifft zu 50 Prozent zu
4 trifft kaum zu
5 trifft nicht zu

Es scheint so, als ob mein Vorgesetzter mit mir und meiner Arbeit ziemlich zufrieden ist.

1 trifft voll zu
2 trifft fast immer zu
3 trifft zu 50 Prozent zu
4 trifft kaum zu
5 trifft nicht zu ☐

Meine Meinung ist in vielen Fällen gefragt, bevor der Chef eine Entscheidung fällt.

1 trifft voll zu
2 trifft fast immer zu
3 trifft zu 50 Prozent zu
4 trifft kaum zu
5 trifft nicht zu ☐

Teamarbeit bereitet mir mehr Spaß, als alleine an einem Problem »herumzudoktern«.

1 trifft voll zu
2 trifft fast immer zu
3 trifft zu 50 Prozent zu
4 trifft kaum zu
5 trifft nicht zu ☐

Ich diskutiere mit den Kollegen ziemlich oft über Dinge, die unsere Aufgaben, die Entwicklung unserer Firma und die Zukunft der Branche betreffen.

1 trifft voll zu
2 trifft fast immer zu
3 trifft zu 50 Prozent zu
4 trifft kaum zu
5 trifft nicht zu ☐

Natürlich mag ich keinen Streit. Wenn es einmal »kracht« ziehe ich mich aber nicht zurück, sondern bemühe mich um eine Lösung des Konflikts.

1 trifft voll zu
2 trifft fast immer zu
3 trifft zu 50 Prozent zu
4 trifft kaum zu
5 trifft nicht zu ☐
Gesamtpunktzahl D ☐☐

Punkte A – D ☐☐☐

Auflösung

25 bis 50 Punkte. Prima. Sie sind auf dem richtigen Weg. Sie haben bereits sehr gute fachliche und persönliche Qualifikationen, um den nächsten Karriereschritt mit Erfolg tun zu können. Allerdings besteht längst kein Anlaß, sich auf den eigenen Lorbeeren auszuruhen. Wer erfolgreich sein und bleiben will, muß sich ständig weiterbilden. Für Sie gilt es zunächst, alle Aussagen, denen Sie nicht vollständig zustimmen konnten, noch einmal sorgfältig zu durchdenken. Sicherlich gibt es einen Weg, diese kleinen Unzulänglichkeiten auszugleichen. Dann steht Ihnen der Weg nach oben endgültig offen.

51 bis 75 Punkte. Kein schlechtes Ergebnis. Sie werden es noch weiter bringen. Dazu müssen Sie in einigen Bereichen allerdings noch an Ihren fachlichen und persönlichen Qualifikationen arbeiten. Prüfen Sie, wo Sie Ihr Know-how durch innerbetriebliche Weiterbildung oder Fachliteratur optimieren können. Probleme beim Umgang mit Kollegen oder dem Chef lassen sich häufig durch ein ehrliches Gespräch mit den betreffenden Personen lösen.

76 bis 100 Punkte. Sie leisten gute Arbeit, trotzdem müssen Sie noch ein gehöriges Pensum erledigen, bevor Sie fit für den Aufstieg sind. Wahrscheinlich weiß Ihr Vorgesetzter noch gar nicht, welche ungeahnten Fähigkeiten in Ihnen verborgen sind. Machen Sie sich ein wenig mehr bemerkbar, denn der alte Spruch »Klappern gehört zum Handwerk« gilt immer noch. Allerdings ist allzu lautes Klappern kontraproduktiv. Bemühen Sie sich schnellstens, Ihr fachliches Know-how auf den neuesten Stand zu bringen. Auch persönliche Fähigkeiten lassen sich durchaus per Weiterbildung verbessern. So hat sich zum Beispiel eine Reihe von Seminaranbietern und Fachautoren auf Themen wie »Förderung des Selbstbewußtseins«, »Richtiges Zeitmanagement« oder »Verbesserung der Kommunikationsfähigkeit« spezialisiert.

101 bis 125 Punkte. Das Ergebnis ist zwar nicht gerade berauschend. Lassen Sie sich deshalb aber nicht entmutigen, an Ihrem beruflichen Aufstieg weiterzuarbeiten. Nutzen Sie alle Weiterbildungsmöglichkeiten im fachlichen und persönlichen Bereich. Beobachten Sie außerdem Ihren Vorgesetzten. Wie löst er Probleme, wie schlichtet er Konflikte und wie teilt er seine Zeit ein? Geben Sie nicht auf. Hin und wieder dauert es nun einmal etwas länger, bis es mit dem Aufstieg klappt.

Persönliche Schwächen und wie man sie selbst beseitigt

Es muß längst nicht immer eine langfristige Schulung sein. Einige persönliche Defizite lassen sich mit einfachen Mitteln oder wenigen Seminarbesuchen ausgleichen. Doch zunächst gilt es natürlich zu erfahren, wo diese Unzulänglichkeiten liegen.

Selbsttest

- Verspüren Sie Engagement für Ihre berufliche Aufgabe?
- Sind Sie bereit, sich auch außerhalb der Arbeitszeit weiterzuqualifizieren, sei es auf Seminaren, durch Fachliteratur oder Arbeitskreise mit Kollegen?
- Führen Sie Ihre Aufgaben normalerweise selbständig bis zum Ende durch und können weitgehend auf Hilfe der Vorgesetzten verzichten?
- Verlieren Sie selbst bei größtem Streß nicht gleich die Übersicht?
- Ertappen Sie sich bei Fehlern, entweder aus Konzentrationsschwäche oder aus mangelnder Sachkenntnis?
- Können Sie sich rasch auf neue Aufgaben und veränderte Situationen einstellen?
- Bewältigen Sie Ihre Aufgaben mit den zur Verfügung stehenden Mitteln im Rahmen der vorgegebenen Zeit?
- Stehen Sie zu den von Ihnen gemachten Arbeiten, oder drücken Sie sich vor Verantwortung?
- Kommen Sie eingegangenen Verpflichtungen nach, und halten Sie vorgegebene Termine ein?

Auswertung: Sollten Sie die ersten beiden Fragen mit einem klaren »Nein« beantwortet haben, können Sie sich jedes Weiterbildungsprogramm sparen. Ganz ohne Engagement und die Bereitschaft, sich auch nach Feierabend weiterzubilden, läßt sich keine Karriere aufbauen. Vielleicht hilft Ihnen tatsächlich nur ein Arbeitsplatzwechsel (siehe Seite 159ff.).

Wer bei allen anderen Fragen zu einem negativen Ergebnis kommt, braucht nicht zu resignieren. Defizite, die sich durch diese Antworten zeigen, lassen sich ausgleichen.

Selbsthilfe

In der folgenden Übersicht sind die häufigsten persönlichen Schwächen deutscher Führungskräfte – und von allen, die möglichst bald verantwortungsvolle Aufgaben übernehmen möchten – aufgeführt. Für sämtliche Mängel gibt es Abhilfe, entweder durch kurze Seminarbesuche oder private Aktivitäten. Fachliche Probleme sollten Karriereorientierte allerdings niemals im Alleingang lösen. In diesem Buch gibt es eine Fülle von Ratschlägen und Hilfen, wie man in solchen Fällen am besten reagiert.

Gegen die folgenden Schwächen läßt sich meist im Alleingang vorgehen:

Argumentationsschwierigkeiten. Wenn Ihnen erst nach einer Diskussion die besseren Argumente einfallen. Selbsthilfe: Training des Gehirns durch die Lektüre schwerverständlicher Literatur, die Sie gewöhnlich erst nach mehrmaligem Lesen verstehen. Seminarangebote: Dialektikschulungen mit dem Schwerpunkt Logik und Argumentationstechnik.

Autoritäre Führung. Wenn Ihre Mitarbeiter Sie für autoritär halten und damit nicht falsch liegen. Selbsthilfe: Versetzen Sie sich in die Lage Ihrer Mannschaft. Wie würden Sie reagieren, wenn Ihr Vorgesetzter sich ähnlich verhielte wie Sie? Versuchen Sie dann Verhalten und Vorgehen entsprechend zu korrigieren. Seminarangebote: Gruppendynamikworkshops. Achtung: Begeben Sie sich nicht in die Hand von unseriösen Heilsverkündern.

Denkfehler. Wenn Sie häufig unlogisch handeln und daraus Nachteile entstehen. Selbsthilfe: Suchen Sie vor jeder wichtigen Äußerung erst die entscheidende Alternative und prüfen Sie, ob sie besser oder schlechter ist. Schulungsangebote: Dialektikseminare mit dem Schwerpunkt Logik und Diskussionsverhalten.

Ideenmangel. Wenn Sie viel zu selten neue Einfälle haben, die Phantasie zu wünschen übrigläßt und Sie dem Fortschritt unaufgeschlossen gegenüberstehen. Selbsthilfe: Zeigen Sie sich bereit, im Team zu arbeiten. Laden Sie als ersten Schritt die Mitarbeiter zum gemeinsamen Brainstorming ein. Seminarangebote: Es gibt reichlich Veranstaltungen, die sich mit Ideenfindung und Kreativitätstechniken beschäftigen.

Motivationsprobleme. Wenn Sie die Mitarbeiter nicht dazu bewegen können, neue Ideen in die Tagesarbeit umzusetzen und sich stärker zu engagieren. Selbsthilfe: Loben und tadeln Sie das Personal nicht persönlich, kritisieren Sie ausschließlich Sachliches. Fragen Sie zum Beispiel: »Wie kann man dieses Problem in Zukunft noch besser lösen?« Schulungsangebote: Allgemeine Motivationsseminare, spezielle Motivationskurse für Führungskräfte sowie Mitarbeiterführungslehrgänge.

Nachgiebigkeit. Wenn Sie den Mitarbeitern zu viel durchgehen lassen, zu nachgiebig und inkonsequent sind und sich hinterher auch noch darüber ärgern. Selbsthilfe: Lernen Sie bei alltäglichen Situationen gezielt »nein« zu sagen. Seminarangebote: In diesem Bereich gibt es leider nur wenig. Das Studium von Fachliteratur scheint hier sinnvoller.

Redehemmungen. Wenn Sie Schwierigkeiten haben, frei zu sprechen und Arbeitsergebnisse nicht überzeugend präsentieren können. Selbsthilfe: Stellen Sie sich vor einen Spiegel und erzählen Sie einen Zeitungsartikel oder eine kurze Geschichte nach. Zeichnen Sie den Vortrag gleichzeitig auf Tonband auf.

Was hat Ihnen beim anschließenden Abhören nicht gefallen? Was wollen Sie unbedingt besser machen?

Verantwortungsscheu. Wenn Sie sich oft vor der Verantwortung von Fehlern scheuen und die Schuld lieber auf andere schieben. Selbsthilfe: Versuchen Sie herauszuarbeiten, welche Fehleranteile von Ihnen verschuldet wurden und wie man diese »Schnitzer« hätte vermeiden können. Seminarangebote: Dialektikseminare unter der Leitung erfahrener Psychologen.

Unangemessene Reaktionen. Wenn Sie ungeduldig, aufbrausend und wenig gelassen reagieren, Gesprächspartnern häufig ins Wort fallen. Selbsthilfe: Hören Sie geduldig zu, und animieren Sie durch weiterführende Fragen zum Weitersprechen. Seminarangebote: Rhetorik- und Dialektikkurse. Einige Veranstalter bieten spezielle Zuhörschulungen an.

Ihre ganz persönliche Karrierestrategie

Ein allgemein gültiges Rezept für den Aufstieg gibt es nicht. Die Strategien erfolgreicher Manager beweisen jedoch, daß sich Karriere – zumindest zu einem hohem Grad – planen läßt. Hier die wichtigsten Erkenntnisse aus der Analyse ihrer Vorgehensweisen:

1. Stellen Sie sich auf die Probe. Sind Sie wirklich bereit, für eine verantwortungsvollere Aufgabe auf einen Teil der Freizeit zu verzichten?

2. Ermitteln Sie Ihre persönlichen und fachlichen Stärken und Schwächen. Auf welchen Gebieten sind Sie besser als die Kollegen? In welchen Bereichen müssen Sie noch einiges auf-

holen? Fehlt Ihnen vielleicht kaufmännisches Know-how? Bereitet es Ihnen eventuell Probleme, Ihre Meinung in der Öffentlichkeit mit Nachdruck zu vertreten oder sich bei Kunden richtig zu »verkaufen«?

3. Listen Sie die Defizite auf, die Sie noch beheben müssen, und machen Sie daraus kleine Projekte mit jeweils einzelnen Zielsetzungen, die Sie nacheinander erreichen wollen.

4. Machen Sie sich daran, Ihre Schwächen abzubauen. Es gibt heute für fast alles eine Fülle von Weiterbildungsmöglichkeiten: Fernkurse, Fernstudien, preisgünstige Seminare bei Industrie- und Handelskammern sowie Berufsverbänden, Lehrgänge per CD-ROM oder Internet. Darüber hinaus bietet der Buchhandel eine Fülle leichtverständlicher Fachliteratur. Nutzen Sie auch das Schulungsangebot des Arbeitgebers. Bedenken Sie aber bitte: Mit dem Besuch eines Lehrgangs oder dem Durcharbeiten eines Fachbuches ist es nicht getan. Lebenslanges Lernen ist das Gebot der Stunde.

5. Testen Sie, ob Sie lieber allein lernen wollen oder in der Gruppe, ob Sie die innerbetriebliche Weiterbildung dem Studium in externen Seminaren vorziehen.

6. Überprüfen Sie Ihre private und berufliche Situation, um herauszufinden, wann genau und wo Sie lernen wollen beziehungsweise können. Beziehen Sie auf jeden Fall Ihre Familie in die Entscheidungsfindung mit ein. Sie erreichen das Lernziel früher, wenn die Lernzeit präzise geplant und der Lernort festgelegt ist.

7. Kontrollieren Sie regelmäßig Ihre Fortschritte. Prüfen Sie gegebenenfalls, warum Sie Zwischenziele nicht erreicht ha-

ben. Meist bestehen gerade in der Aufarbeitung von Mißerfolgen und Fehlern besondere Lernchancen.

8. Informieren Sie sich ausführlich über die Entwicklungen in Ihrer Branche. Angehende Führungskräfte müssen wissen, welche Trends jetzt und in Zukunft angesagt sind. Dabei hilft das regelmäßige Studium von Tageszeitungen und Fachzeitschriften.

9. Analysieren Sie die Karriere Ihrer Vorgesetzten. Wie lange arbeiten sie bereits im Unternehmen? Welche Eigenschaften zeichnen sie besonders aus? Könnten Sie die Aufgaben des Chefs erfüllen?

10. Beziehen Sie die Kollegen in Ihre Strategie mit ein. Behalten Sie Ihre Aufstiegspläne aber zunächst für sich. Versuchen Sie herauszufinden, was die Schreibtischnachbarn von Ihnen halten. Glauben Sie, daß man Sie als Vorgesetzten akzeptieren würde? Falls nein: Woran könnte die Ablehnung liegen? Können Sie die Vorbehalte gegenüber Ihrer Person entkräften?

11. Wägen Sie genau ab, wie Ihre Chancen auf einen besseren Job stehen? Erscheint es Ihnen ausgeschlossen, daß man Sie in absehbarer Zeit (etwa zwei Jahre) mit einer neuen Aufgabe betrauen wird, sollten Sie durchaus auch den Umstieg in ein anderes Unternehmen in Betracht ziehen (siehe Seite 159ff.).

12. Bitten Sie Ihren Vorgesetzten oder den Personalchef bei passender Gelegenheit um ein »Beurteilungsgespräch«. Achtung: Betriebsfeste oder Geburtstagsfeiern von Kollegen sind der falsche Ort, solche Unterredungen zu führen.

Vereinbaren Sie auf jeden Fall einen Termin, an dem Sie in Ruhe miteinander sprechen können.

13. Bewerben Sie sich offensiv um einen ausgeschriebenen Posten im Unternehmen. Das gilt auch, wenn Sie glauben, dem Job noch nicht hundertprozentig gewachsen zu sein. Eine mögliche Absage ist sicherlich im ersten Moment schmerzlich, hat aber doch auch einen positiven Effekt: Sie haben zumindest bewiesen, daß Sie eine neue Herausforderung suchen. Allein dafür gibt es häufig schon Pluspunkte. Außerdem konnten Sie wichtige Erfahrungen für die nächste Bewerbung sammeln.

14. Herzlichen Glückwunsch, wenn Sie den Zuschlag bekommen haben. Hüten Sie sich jetzt aber vor übertriebenem »Chefgehabe«. Beweisen Sie zunächst Zurückhaltung. Zeigen Sie erst einmal, daß Sie ein guter Zuhörer sind. Reden Sie mit den Kollegen aus anderen Abteilungen und natürlich besonders intensiv mit den zukünftigen Mitarbeitern. Vorsicht: Wer gleich von Anfang an alles ganz anders und viel besser machen möchte, disqualifiziert sich blitzschnell als wenig souveräne Führungskraft. Beziehen Sie Ihr neues Team deshalb rechtzeitig in Ihre Pläne und Strategien ein. Eine verärgerte Mannschaft wird alles dafür tun, Ihnen das Leben schwer zu machen.

15. Beginnen Sie frühestens nach ein bis zwei Monaten, Schritt für Schritt Ihre eigenen Ideen vorzustellen. Jetzt erwarten Mitarbeiter und Unternehmensleitung die ersten Signale von Ihnen. Demonstrieren Sie, daß Ihre Beförderung eine absolut richtige Entscheidung war.

Ihre ganz persönliche PR-Strategie

Sie wissen es natürlich: Klappern gehört zum Handwerk – nicht nur für Unternehmen, auch für deren karrierebewußte Mitarbeiter. Grund genug für Sie, mit überzeugender Selbstdarstellung das eigene Ansehen in der Öffentlichkeit und in der Firma gehörig aufzuwerten. Wer die besten Tricks der Präsentation kennt, macht sich interessant – beim Arbeitgeber und bei der Konkurrenz.

Ein gutes Beispiel für die elegante Verbindung von persönlicher Imagepflege und der geschickten »Verkaufe« seines Unternehmens ist Porsche-Chef Wendelin Wiedeking. Der Steuermann der Stuttgarter Sportwagenschmiede zeigt sich bei seinen vielen öffentlichen Auftritten als streitbarer Geist, der durchaus gegen Regierung, Konkurrenz und staatliche Institutionen seine Stimme erhebt. Gleichzeitig wird sein Name fast automatisch mit dem Wiedererstarken des einst maroden Automobilbauers verbunden.

Wiedekings Kollegen in den anderen Unternehmen tun sich mit solchen Aktivitäten häufig bedeutend schwerer. Sicher liegt dies zum Teil an der mangelnden Öffentlichkeitsarbeit einiger Häuser. Doch selbst wenn hochbezahlte PR-Berater mit aufwendigen Kampagnen Imagepflege für ihre Auftraggeber betreiben, halten sich die Mitarbeiter mit Public Relations in eigener Sache weitgehend zurück. So resümiert der Chef eines bekannten PR-Büros: »Die deutschen Manager verkaufen sich immer noch viel zu schlecht.« Dabei beklagt er noch nicht einmal fehlendes Talent in der Selbstdarstellung. »Es fängt oft schon bei der Kleidung an. Längst nicht jeder weiß, welches Outfit für welche Situation angemessen ist.« Tip des berufsmäßigen Image-Verbesserers: »Ohne Krawatte sollte man grundsätzlich bei keinem geschäftlichen Anlaß erscheinen.«

Wer bei der Auswahl der Garderobe Unsicherheit verspürt oder sich sogar fürchtet, vor Publikum zu sprechen, dem kann geholfen werden. Eine ganze Reihe mehr oder weniger bekannter Weiterbildungsinstitute bietet spezielle Rhetorik- und Dialektikseminare, Etiketteunterricht und sogar Hilfe für das richtige Auftreten vor Mikrofon und laufender Kamera sowie den überzeugenden Umgang mit Journalisten.

Häufig sind nach wenigen Trainingstagen schon die größten Hürden beseitigt. Doch wer erst als langjährige Führungskraft für sich zu werben beginnt und sich bei Unternehmensleitung sowie Fachwelt interessant machen will, ist mit seinen Bemühungen um ein positives Image meist zu spät dran. Ratschlag des bereits zitierten PR-Profis: »Schon Abteilungsleiter sollten mit der Eigenwerbung beginnen.« Allerdings warnt er vor allzu stürmischen Aktivitäten: »Die Leute müssen zum einen ihre Aktivitäten mit dem Chef absprechen und zum anderen die Sache langsam angehen. Ansonsten hält sie der Vorgesetzte schnell für nicht ausgelastet und mißgönnt ihnen eventuell das gute Ansehen.«

Wer seinen Arbeitgeber überzeugen kann, daß seine Auftritte als Referent oder Diskussionspartner auf Seminaren, Kongressen und Verbandstagungen sowie als Autor von Fachbeiträgen auch dem Unternehmen Vorteile einbringen, braucht sich um eine Freigabe nicht zu fürchten. Immer häufiger achten imagebewußte Firmen heute darauf, daß ihre Spezialisten mit außerordentlichem Fachwissen in der Öffentlichkeit auftreten.

Termine für solche Veranstaltungen gibt es reichlich. So führen Weiterbildungsinstitute umfangreiche Karteien mit den Namen hochkarätiger Experten. Sie sind für neue Ansprechpartner immer höchst dankbar. Ähnliches gilt auch für die Redaktionen der Fachzeitschriften. Bei ihnen herrscht immer Bedarf an Beiträgen aus der Feder von erfahrenen Profis.

Publicity-Hungrige ohne ausgezeichnetes fachliches Know-how haben jedoch keine Chance, von öffentlichen Auftritten zu profitieren. Nur wirkliche Spezialisten sind gefragt. Kandidaten, die lediglich ins Gerede kommen wollen und nichts Neues zu berichten haben, machen sich natürlich unglaubwürdig. Wer sich jedoch erst einmal einen Namen als Referent oder Autor gemacht hat, sammelt nicht nur Pluspunkte bei seinem Arbeitgeber. Solche Damen und Herren werden schnell zu den Lieblingsjagdobjekten der Headhunter. Nicht schlecht, wenn man zu den Führungskräftemaklern gute Kontakte unterhält.

Es dauert allerdings rund zwei bis drei Jahre, bevor sich die ersten Erfolge der Eigen-PR einstellen. Dabei gilt die Faustregel »Man darf sich niemals auf Kosten des Arbeitgebers profilieren, sondern nur über das Unternehmen.«

Sieben Schritte zur Imagepolitur

1. *Testen Sie Ihr Unternehmen.* Manche Arbeitgeber schätzen den Drang ihrer Mitarbeiter nach öffentlichkeitswirksamen Auftritten überhaupt nicht. Oft genug halten Topmanager dieser Häuser solche Aktivitäten für absolute »Chefsache«. Wer die Gebräuche in seinem Unternehmen noch nicht kennt, orientiert sich am besten an der Vorgehensweise von Kollegen.

2. *Hüten Sie sich vor Alleingängen.* Akzeptieren Sie niemals ohne Genehmigung des Chefs Einladungen zu Veranstaltungen oder Aufträge für Beiträge in Fachblättern. Einerseits sind einige Vorgesetzte über allzu forsches Personal verstimmt, andererseits glauben sie häufig, daß etwas Derartiges nur ihnen vorbehalten ist.

3. *Trainieren Sie die Auftritte.* Das Angebot an Lehrgängen für Präsentationstechniken und überzeugende Selbstdarstellung

ist äußerst vielfältig. Eines gilt jedoch für alle Seminare: Die Schulungen sollten nur im kleinen Kreis (fünf bis sechs Personen) stattfinden. Aus diesem Grunde bieten einige Institute sogar Einzelunterricht an. Doch selbst solche Intensivkurse garantieren nicht unbedingt den Erfolg. Sie können aus einem verschlossenen, introvertierten Menschen keinen Entertainer machen. Es bleibt letztlich Ihre Aufgabe, das Gelernte in der Praxis umzusetzen und weiter zu verfeinern.

4. *Wenden Sie sich an Weiterbildungsinstitute.* Diese Schulen liefern sich seit jeher einen knallharten Konkurrenzkampf und suchen begierig nach hochkarätigen freien Mitarbeitern. Nutzen Sie diese Chance. Senden Sie Ihren Lebenslauf, eine ausführliche Stärkenbeschreibung sowie den Nachweis Ihrer Fachkompetenz an die wichtigsten Veranstalter. Starten Sie aber keine »Postwurfsendung« an sämtliche Anbieter. Holen Sie zunächst Referenzen ein, bevor Sie die Unterlagen auf den Weg bringen. Diese Vorarbeiten müssen Sie allerdings rechtzeitig beginnen. Gerade große Institute arbeiten ihre Veranstaltungskalender etwa ein bis zwei Jahre vor den Terminen aus.

5. *Nehmen Sie Kontakt zu Fachverlagen auf.* Prüfen Sie aber zunächst, welche Publikationen in der Branche besonderes Ansehen genießen. Angebote an Publikumszeitschriften können Sie sich allerdings sparen. Dort landen Tag für Tag Mengen von unverlangt eingesandten Manuskripten. Die meisten von ihnen wandern ungelesen in den Papierkorb oder gehen postwendend an die Verfasser zurück.

6. *Präsentieren Sie sich in Verbänden oder Vereinen.* Dort lassen sich Reden und Diskussionen bestens üben, ohne daß gehässige Kollegen über mögliche Mängel hämisch grinsen.

7. *Sprechen Sie vor dem ersten großen Auftritt mit einem PR-Profi.* Bis vor einiger Zeit kümmerten sich die meisten Berater ausschließlich um das gute Image von Unternehmen, Stars aus Politik, Film oder Fernsehen und Verbänden. Heute können auch aufstrebende Führungskräfte ihre Dienste nutzen. Für den Service berechnet die Branche allerdings recht stattliche Honorare. So sind Stundensätze von 300 Mark und mehr nichts Ungewöhnliches. Lassen Sie sich deshalb nicht zu schnell auf eine Zusammenarbeit ein. Formulieren Sie erst einmal einen Vertrag, der Form und Inhalt der Kooperation detailliert regelt.

Ihre ganz persönliche Gehaltsstrategie

Mehr Verantwortung zu tragen, motiviert. Mitarbeiter zu führen, macht Spaß – zumindest meistens. Doch die größte Freude bringt der Job erst dann, sobald das Gehalt Engagement und Initiative wirklich belohnt. Allerdings zeigen sich Vorgesetzte häufig besonders sparsam, wenn es gilt, überdurchschnittlichen Einsatz zu honorieren. Oft genug versuchen sie dann, ihre Gesprächspartner mit dem Verweis auf die ohnehin bevorstehende Tariferhöhung zu besänftigen. Mit solchen »plumpen Ausreden« sollten sich Leistungsbereite nicht zufriedengeben. Denn neue Vergütungssysteme lassen Personalchefs und Vorgesetzten inzwischen eine Reihe von Freiräumen, um den Besten einen interessanten Zuschlag auf das Gehalt zu überweisen.

Allerdings hängt es vom Verhandlungsgeschick des Mitarbeiters ab, ob das Unternehmen tatsächlich tiefer in die Tasche greift oder sich mit einer Ausrede aus der Situation rettet.

Die richtige Verhandlungstaktik

Gewissenhaft vorbereiten. Für gute Verkäufer ist die Sache nichts Neues. Sie präparieren sich sorgfältig auf jedes Kundengespräch. Ein nachahmenswertes Beispiel. Denn, wer dem Vorgesetzten seine Leistung in den schönsten Farben schildern will, tut auch nichts anderes als ein Verkäufer. Welche Argumente können den Chef davon überzeugen, eine Gehaltserhöhung zu gewähren? Welche Gründe könnte er haben, einen Zuschlag zu verweigern? Am besten schreiben Sie sich Ihre besonders guten Leistungen in den letzten zwölf Monaten auf (siehe Seite 45).

Prüfen Sie, wie es um die wirtschaftliche Lage des Arbeitgebers bestellt ist. Informationen dazu stehen im Geschäftsbericht, oder fragen Sie den Betriebsrat. Sollte sich herausstellen, daß das Unternehmen in letzter Zeit gut verdient hat, haben Sie bereits einen Trumpf in der Hand. Chefs versuchen Gehaltserhöhungen nämlich gerne mit dem Verweis auf miese Auftragslage und trübe Zukunftsaussichten abzublocken. Achtung: Den Notizzettel mit Ihren Argumenten dürfen Sie durchaus zum Gespräch mitnehmen.

Unbedingt Termin vereinbaren. Vorgesetzte und Personalchefs reagieren im allgemeinen ziemlich »sauer«, wenn ein Mitarbeiter unangemeldet, mal eben »zwischen Tür und Angel« mehr Geld fordert. Auch wer Betriebsfest oder Geburtstagsumtrunk für den idealen Zeitpunkt hält, über eine Gehaltserhöhung zu sprechen, liegt mit dieser Vorstellung völlig falsch. Ohne einen rechtzeitig vereinbarten Gesprächstermin läuft in den meisten Fällen nichts.

Am besten lassen Sie von der Sekretärin des Chefs gleich ein etwa ein- bis eineinhalbstündiges Meeting vorsehen. Vorsicht:

Vermeiden Sie dabei unbedingt den Hinweis, daß es um das Thema Geld gehen soll. Greifen Sie zu einer kleinen Notlüge und bitten um ein Beurteilungsgespräch. Dann können Sie mit einer ziemlich lockeren Atmosphäre und einem aufgeschlossenen Gesprächspartner rechnen. Ein Zusatztip: »Stehen Sie nicht allzu häufig auf der Matte«. Mindestens ein Jahr, besser noch eineinhalb Jahre sollten seit der letzten Erhöhung schon vergangen sein.

Selbstbewußtsein demonstrieren. Sie haben überhaupt keinen Grund, Ihren Wunsch nach mehr Geld wie ein Bittsteller vorzutragen. Sie sind überzeugt, dem Arbeitgeber außergewöhnliche Leistungen geboten zu haben, von denen er kräftig profitieren kann. Dafür möchten Sie jetzt eine angemessene Belohnung. Sie können also durchaus selbstbewußt auftreten.

Diese Fähigkeit beweisen Sie schon durch entsprechende Körpersprache: Suchen Sie Blickkontakt zum Gesprächspartner. Sitzen Sie aufrecht, und rutschen Sie bitte nicht aufgeregt auf dem Stuhl hin und her. Wer sich allerdings allzu locker gibt, sammelt ebensowenig Pluspunkte. Seriosität, Überzeugungskraft durch gute Argumente sind gefragt.

Ziele absprechen. Häufig wird sich der Gesprächspartner längst nicht so großzügig zeigen, wie Sie es sich vielleicht erhofft hatten. Oft genug wird er Ihren Wunsch sogar mehr oder weniger empört ablehnen. Kein Grund für Sie, die Unterhaltung entnervt oder empört abzubrechen. Greifen Sie zu einer durchaus erlaubten List: Bieten Sie ein »Geschäft« an, von dem beide profitieren – Unternehmen und Arbeitnehmer. Handeln Sie eine Zielvorgabe für das nächste Jahr aus.

Legen Sie gemeinsam fest, was es wert ist, wenn Sie dieses Soll erreicht haben. Mögliche Ziele könnten zum Beispiel sein: die Erhöhung des Umsatzes mit Ihren Kunden um einen bestimmten Prozentsatz, die Senkung der Reklamationsrate, Verminderung des Krankenstandes in der Abteilung. Vorsicht: Lassen Sie sich nicht auf ein völlig unrealistisches Ziel ein. Wer die ausgehandelte Vorgabe nicht erreicht, kassiert derartig viel Minuspunkte, daß er sich im folgenden Jahr erst gar nicht zu einem Gehaltsgespräch anzumelden braucht.

Nicht abwimmeln lassen! Vorgesetzte und Personalverantwortliche sind meist rhetorisch gut geübte Leute. Deshalb beherrschen sie häufig eine Fülle von Floskeln, um einerseits Mitarbeiter nicht allzusehr zu demotivieren, anderseits aber auch die Firmenkasse zu schonen. Zu diesen Aussagen gehört zum Beispiel der beliebte Satz: »Wir können sehr gerne nächstes Jahr noch einmal über Ihren Wunsch reden.« Davon haben Sie im Augenblick gar nichts. Außerdem ist es höchst ungewiß, ob sich das Unternehmen in zwölf Monaten spendabler zeigt.

Bestehen Sie auf einer Begründung, falls Sie wieder einmal leer ausgehen sollten. Warum ist Ihr Wunsch jetzt nicht zu erfüllen? Was müssen Sie in Zukunft besser machen, um mehr Geld zu bekommen?

Variables Gehalt vorschlagen. Was bei Managern schon seit Jahren üblich ist, greift jetzt auf die Einkommen von Angestellten in niedrigeren Gehaltsstufen über: die variable Vergütung. Damit sichert das Unternehmen dem Betreffenden einen Teil des Jahreseinkommens als Grundgehalt zu. Den Rest, variabler Anteil genannt, bestimmt der Mitarbeiter durch seine Leistung selbst.

Per Zielvereinbarung läßt sich diese beliebte Vergütungsmethode ohne große Probleme einführen (siehe »Ziele absprechen« auf Seite 31). Es ist allerdings höchste Vorsicht geboten: Bei einem Jahresgrundgehalt unter 100 000 Mark sollte der variable Anteil keinesfalls über zehn Prozent liegen. Wer sich auf einen höheren Prozentsatz einläßt, begibt sich in Gefahr, bei Nichterreichen der Vorgabe zuviel Einkommen zu verlieren.

Nur über Jahresgehalt sprechen. Diskutieren Sie ausschließlich über eine Erhöhung des Jahreseinkommens. In dieser Summe sind sämtliche Zahlungen enthalten, die Sie im Laufe des Jahres erhalten. Längst nicht jeder Arbeitgeber zahlt ein 13., 14. oder sogar 15. Monatsgehalt. Ziemlich ärgerlich, wenn man sich dann in langen Verhandlungen auf einen Zuschlag geeinigt hat, den es aber nur zwölfmal im Jahr gibt.

Gute Argumente für mehr Gehalt

Wenn sich Arbeitgeber spendabel zeigen, geht es in erster Linie um die Belohnung von Engagement, hoher Einsatzbereitschaft und vor allen Dingen natürlich Erfolg. Mit den folgenden Argumenten können Sie Anerkennung gewinnen:

»Ich habe den Chef von Routineaufgaben entlastet.« Wer seinem Vorgesetzten zeitraubende Alltagsarbeiten abnimmt, zum Beispiel Tagungen organisiert oder Statistiken führt, sollte auf diese Tätigkeiten unbedingt hinweisen.

»Mein Aufgabengebiet ist in den vergangenen Monaten deutlich größer geworden.« Das klingt überzeugend. Es zählen allerdings nur zusätzliche Tätigkeiten, die von Ihnen eine höhere Qualifikation verlangen.

»Ich habe meinen Vorgesetzten vertreten.« Nicht schlecht. Voraussetzung ist jedoch, eine längere oder häufigere Vertretung. Drei bis vier Wochen müssen Sie die verantwortungsvolle Aufgabe mindestens erledigt haben.

»Durch meinen Verbesserungsvorschlag hat das Unternehmen Geld gespart/Geld verdient.« Eigentlich eine gute Begründung für den Wunsch nach mehr Gehalt. Sie müssen Ihre Bitte jedoch mit Zahlen und Fakten belegen. Versuchen Sie möglichst exakt vorzurechnen, wieviel die Idee für die Firma wert ist.

»Ich leiste außergewöhnlich viele Überstunden.« Konnten Sie durch die Mehrarbeit zusätzliche Aufgaben erledigen? Ja? Dann können Sie dieses Argument durchaus anführen. Nein? Dann sollten Sie sich die Aussage lieber sparen, sie dürfte zum Bumerang werden. Denn nach wie vor gilt in den meisten Unternehmen: Wer sein Pensum nicht während der vorgesehenen Arbeitszeit schafft, ist eine ziemliche Niete.

»Ich bilde mich ständig freiwillig weiter.« Das können nur wenige von sich behaupten. Allerdings zählt dieses Engagement nur beim Besuch von Kursen, die Know-how geschaffen oder verbessert haben, das bislang noch keiner oder nur ein paar Kollegen besitzen.

Die größten Fehler

Das Gehaltsgespräch gilt nach wie vor als eines der delikatesten Treffen zwischen Chef und Mitarbeiter. Vermeiden Sie deshalb unbedingt diese Fehler.

Überzogene Forderungen stellen. Bei einer fünfprozentigen Erhöhung des Jahresgehaltes, also des Bruttoeinkommens plus Weihnachts-/Urlaubsgeld plus Sonderzahlungen, geraten Chefs normalerweise nicht in Wut. Wer sich sicher ist, besonders gute Gründe zu haben, darf seine Forderungen ruhig auf zehn Prozent hochschrauben. Größeren Appetit auf mehr Gehalt halten Chefs allerdings für restlos übertrieben. Ausnahme: Sie wechseln den Arbeitgeber.

Um ein Gehaltsgespräch bitten. Beim Thema Gehalt schalten viele Chefs fast automatisch auf stur. Kein Wunder, daß Kandidaten, die ausdrücklich um einen solchen Termin gebeten haben, häufig schon nach wenigen Minuten eine knallharte Abfuhr kassieren. Der Ausweg: Fragen Sie nach dem idealen Zeitpunkt für ein Beurteilungsgespräch, bei dem es um Ihre Leistungen in Vergangenheit und Zukunft gehen soll. Mit ein wenig Geschick können Sie während dieses Gesprächs auf das delikate Thema umschwenken.

Mit Kollegen vergleichen. Den Hinweis, ein anderer Mitarbeiter kassiere für dieselbe Arbeit mehr Geld, quittieren Chefs mit höchster Verärgerung. Zum einen reagieren sie verstimmt, weil über Gehälter ihrer Meinung nach Stillschweigen zu bewahren sei. Zum anderen geht es beim Gehaltsgespräch ausschließlich um die persönliche Leistung des einzelnen – ganz egal, was andere für ihren Einsatz bekommen.

Private Gründe vorbringen. Sicherlich belastet das Studium der Kinder das Haushaltsbudget häufig über Gebühr. Natürlich kostet ein Eigenheim in der ersten Zeit immer mehr als zunächst kalkuliert. Klar auch, daß alles immer teurer wird und das Einkommen sich längst nicht automatisch anpaßt. All diese berechtigten Klagen interessieren Arbeitgeber überhaupt nicht. Im Gegenteil: Ebbe in der Haushaltskasse, kann den Vorgesetzten dazu verleiten, das wirtschaftliche Geschick seines Mitarbeiters anzuzweifeln. Verständlich, daß er dann eher mit Naserümpfen als mit großem Mitgefühl und einer kräftigen Gehaltserhöhung reagiert.

Mit Kündigung drohen. Wohl jeder reagiert nicht gerade begeistert, wenn selbst schönste Worte und beste Argumente nichts fruchten. Wer dann allerdings voll Ärger mit seiner Kündigung droht, landet immer häufiger einen Bumerang mit völlig unbeabsichtigten Folgen. Denn Vorgesetzte oder Personalchefs zeigen sich von solchen Ankündigungen oft reichlich unbeeindruckt. Sie versuchen dann auch erst gar nicht, den Verärgerten oder die Empörte umzustimmen. Der Betroffene kann nach seinem markigen Ausspruch zwar bleiben, riskiert aber einen beträchtlichen Imageverlust.

Ähnliche Reaktionen müssen Mitarbeiter befürchten, die den allseits beliebten Trick nutzen wollen und mit einem »Wahnsinnsangebot« der Konkurrenz auftrumpfen. Jeder halbwegs gut informierte Vorgesetzte weiß heute ganz genau, wieviel Wettbewerber zahlen. Peinlich, wenn Sie bei einer Lüge ertappt werden.

Beleidigte Reaktion bei Mißerfolg. Natürlich endet längst nicht jedes Gehaltsgespräch mit dem Sieg des Angestellten. Wer nach dem Scheitern der Verhandlungen mißmutig reagiert und sich nachhaltig über die Abfuhr aufregt, gilt als wenig kritikfähig. Klar, daß dieses Image bis zum Beweis des Gegenteils erhalten bleibt.

Das richtige Verhalten: Fassen Sie die Argumente für die Ablehnung noch einmal mündlich zusammen und bitten Sie dann in einigen Monaten um ein erneutes Gespräch.

Alternativen zur klassischen Gehaltserhöhung

Steuern und Sozialabgaben fressen häufig den Löwenanteil von Einkommenszuschlägen auf. Es gibt jedoch einige Tricks, mit denen sich die Abgabenlast auf legale Weise drücken läßt.

Außerdem profitiert der Arbeitgeber von diesen Alternativen zur klassischen Gehaltserhöhung ebenfalls.

Verbesserung der Altersvorsorge. Viele Besserverdienende verzichten ganz bewußt auf eine klassische Gehaltserhöhung und handeln statt dessen eine Pensionszusage aus. Diese Zusatzleistung bleibt bis zur Auszahlung der Pension steuerfrei. Dann sind die Einkünfte ohnehin deutlich geringer – ein günstigerer Steuertarif wird wirksam.

Dienstwagen. Trotz gegenteiliger Behauptung: Ein Firmenauto rechnet sich in den meisten Fällen für Mitarbeiter und Unternehmen. Der Arbeitnehmer nutzt den Dienstwagen auch privat, der Arbeitgeber profitiert von günstigen Leasingkonditionen und setzt die Kosten von der Steuer ab. Vorsicht: Geschäftswagenfahrer müssen den geldwerten Vorteil (ein Prozent des Neuwertes pro Monat) versteuern.

Firmendarlehen. Stehen größere Anschaffungen oder ein Immobilienkauf an, dürfen Unternehmen mit billigem Geld aushelfen. Bei Beträgen bis zu 5000 Mark sind Zinsvorteile gegenüber einem Bankdarlehen steuerfrei. Geht es um höhere Summen und liegt der ausgehandelte Zinssatz unter sechs Prozent, verlangt das Finanzamt seinen Anteil an der Ersparnis.

Versicherungen. Bis zu 25 Prozent der Beiträge lassen sich in vielen Fällen sparen, wenn die Firma für ihre Mitarbeiter einen Gruppentarif aushandelt – egal um welche Versicherungsarten es sich handelt.

Was Chefs besonders schätzen

Für viele mag es wie widerliche »Schleimerei« klingen. Doch ganz ohne ein wenig »Radfahren« klappt es mit dem nächsten Karriereschritt wohl kaum. Natürlich gilt aber auch bei dieser Aktion wieder: Übertreiben Sie es nicht!

Die folgenden Regeln helfen, sich beim Vorgesetzten gekonnt ins rechte Licht zu rücken:

- Zeigen Sie Interesse an Ihrer Arbeit, auch wenn es Ihnen manchmal ein wenig schwerfällt, Alltagsroutine zu erledigen. Suchen Sie hin und wieder das Gespräch mit dem Vorgesetzten, und schildern Sie ihm Ihre Ansichten und Ideen zu Arbeitsabläufen und neuen Entwicklungen.
- Überzeugen Sie durch selbstsicheres Auftreten. Wer schon ins Stottern gerät, wenn der Chef erscheint oder es gilt, gegenüber den Kollegen seine Meinung zu vertreten, disqualifiziert sich für die Übernahme einer verantwortungsvolleren Position. Selbstsicherheit und Selbstbewußtsein lassen sich trainieren, zum Beispiel durch Engagement in Vereinen. Dort können Sie reden und diskutieren üben, ohne sich vor Kollegen oder Vorgesetzten lächerlich zu machen.
- Beteiligen Sie sich mit Ihren Ideen am betrieblichen Vorschlagswesen. Unternehmen schätzen es sehr, wenn sie in der Öffentlichkeit mit einer möglichst hohen Zahl von Verbesserungsvorschlägen aus dem Mitarbeiterkreis renommieren können. Da sollten Ihre Einfälle unbedingt dazugehören.
- Nehmen Sie unbedingt am betrieblichen Weiterbildungsprogramm teil. Personalabteilungen und Vorgesetzte wissen ganz genau, welche Mitarbeiter wie oft an Seminaren und Lehrgängen teilnehmen. Wer nur zu Pflichtveranstaltungen

erscheint und sich von vornherein gegen Kurse nach Feierabend sträubt, erntet Mißfallen. Achtung: Übertreiben Sie es mit der Wißbegierde nicht. Konzentrieren Sie sich ausschließlich auf Seminare, die Sie für Ihre Aufgabe wirklich weiterqualifizieren.

- Beweisen Sie Teamfähigkeit. Diese Eigenschaft schätzen Arbeitgeber heute mehr denn je. Die enge Kooperation zwischen Vorgesetztem und Mitarbeiter gilt als eine der wichtigsten Eigenschaften für Führungskräfte und alle, die es schon bald werden wollen. Also: Drängen Sie sich nicht allzuweit in den Vordergrund. Lassen Sie auch andere zu Worte kommen.
- Überzeugen Sie durch gute Umgangsformen und ein ordentliches Outfit. Als zukünftiger Vorgesetzter müssen Sie das Unternehmen häufiger bei Kunden und Lieferanten repräsentieren. Außerdem ist es nicht gerade ein Vorbild für die Mitarbeiter, wenn der Chef »in Sack und Asche« herumläuft. Vorsicht: Übergroße Eleganz und extrem teure Garderobe verärgert wiederum.
- Machen Sie immer wieder deutlich, wie gerne Sie bei Ihrem Arbeitgeber arbeiten. Weisen Sie aber darauf hin, wie wichtig Ihnen eine neue Herausforderung ist. Vorsicht: Drohen Sie nie mit Kündigung. Auf solche Andeutungen reagieren Personalchefs ziemlich allergisch. Nur absolute Topspezialisten können sich derartige Drohungen leisten. Für alle anderen dürfte der Karrierezug nach solchen Hinweisen abgefahren sein.
- Verbinden Sie den Aufstiegswunsch nicht gleich mit einer Gehaltsforderung. Jetzt gilt es erst einmal, das Interesse an einer neuen Aufgabe zu dokumentieren. Über mehr Geld können Sie nach erfolgreicher Übernahme des neuen Jobs immer noch verhandeln.
- Beschreiben Sie Ihre Stärken, weisen Sie aber auch auf Schwächen hin. Vermeintliche »Allround-Talente«, die vorgeben, in allen Bereichen »spitze« zu sein, ernten bei ihren

Vorgesetzten entweder nur ein müdes Lächeln oder strikte Ablehnung. Eine verantwortungsvollere Aufgabe gibt es für solche »Universalgenies« mit Sicherheit nicht.

- Lassen Sie sich bei Ihrem ganz persönlichen Karriereprogramm nicht vom Betriebsrat unterstützen. Seine Aufgabe ist es zwar, den Kollegen zu helfen. Wer jedoch eine Führungsposition übernehmen will, muß schon allein dafür kämpfen. »Begleitschutz« durch einen Arbeitnehmervertreter gilt deshalb beim Karrieregespräch mit Vorgesetztem oder Personalchef als »K.-o.-Kriterium«.
- Bereiten Sie sich auf die Unterredung sorgfältig vor. Überlegen Sie sich möglichst viele Argumente, warum gerade Sie der ideale Kandidat, die optimale Kandidatin für eine neue verantwortungsvolle Aufgabe sind.
- Stellen Sie sich keinesfalls als »Anpasser« dar, der widerspruchslos alle Anordnungen ausführt. Eigeninitiative und Kreativität sind heute den meisten Arbeitgebern viel wichtiger als bedingungsloser Gehorsam.

Der beste Zeitpunkt, Gas zu geben

Wer seinen Wunsch nach einer Beförderung zum falschen Zeitpunkt vorträgt, kann sich den Traum vom neuen Job, mehr Gehalt und natürlich auch höherem Ansehen gleich aus dem Kopf schlagen. Es gibt jedoch eine Reihe von guten Gelegenheiten, um mit Personalchef oder Vorgesetztem über einen möglichen Karrieresprung zu reden. Dazu sollten Sie die Personalsituation in Ihrem Unternehmen möglichst gut kennen und über bevorstehende Veränderungen rechtzeitig informiert sein. Achtung: Lassen Sie bei Ihrer Bewerbung auf keinen Fall durchsickern, daß Sie aus irgendwelchen Quellen erfahren haben, daß in der nächsten Zeit eine interessante Position frei wird.

Gute Chancen für den Aufstieg besitzen Sie, wenn

- der Chef in absehbarer Zeit neue Aufgaben übernehmen soll;
- Neubesetzungen von Führungspositionen in anderen Abteilungen anstehen;
- der Arbeitgeber flexible Nachwuchsmanager sucht, die bereit sind, ihre Fähigkeiten zunächst auch in einer Firmenniederlassung im In- oder Ausland zu beweisen;
- Sie ausscheidende Vorgesetzte über längere Zeit vertreten haben;
- sich Gerüchte verdichten, daß der unmittelbare Chef bei der Geschäftsleitung nicht gerade einen guten Ruf genießt;
- die Pensionierung des Vorgesetzten innerhalb der nächsten zwei Jahre bevorsteht und ein Nachfolger noch nicht in Sicht ist.

Erfolgsbausteine für den Aufstieg

Beurteilungsgespräch: gute Möglichkeit zur Profilierung

In vielen Unternehmen gehört ein jährliches Beurteilungsgespräch zwischen Vorgesetztem und Mitarbeitern mittlerweile zum Standard. Dabei gilt es im Vier-Augen-Gespräch, die Leistungen des Untergebenen kritisch zu beurteilen, Schwächen und ihre Beseitigung zu diskutieren, aber natürlich auch Stärken zu loben. Die Personalverantwortlichen in den Firmen feiern diese Gespräche als eine der wichtigsten Errungenschaften der modernen Führungstechnik.

Der Begeisterung sind jedoch häufig enge Grenzen gesetzt, denn Chefs und ihre Teams versagen bei diesen Treffen in vielen Fällen restlos. Zahllose Mitarbeiter betrachten solche Termine nur als unangenehme Pflichtveranstaltungen, an denen man wohl oder übel teilzunehmen hat. Ändern wird sich ihrer Meinung nach durch diese Unterredung mit dem Vorgesetzten nichts: Die Bezahlung bleibt weiterhin zu schlecht, und die Arbeit macht nachher wohl auch nicht mehr Spaß. Leider haben die Kritiker häufig recht. Allerdings liegt der Grund für solche Flops längst nicht immer beim Arbeitgeber.

Oft genug versagen die zu Beurteilenden und vergeben damit eine große Chance, sich und ihre Leistungen ins rechte Licht zu rücken. Ihre Vorbereitung auf die wichtige Unterhaltung ist schlecht, die Selbstdarstellung vielfach eine schlichte Katastrophe. Die ausgezeichnete Möglichkeit, der Karriere zusätzliche Schubkraft zu verleihen, bleibt ungenutzt. Im Extremfall kassiert der Betroffene derart viele Minuspunkte, daß er sich den Aufstieg zumindest für die nächste Zeit »abschminken« kann. Warum? Die Antwort gibt der Personalchef eines internationalen Computerherstellers: »Bei solchen Anlässen werden nicht nur Zielvereinbarungen für die nächsten zwölf Monate besprochen, die Leistung beurteilt und bewertet. Hier haben die Leute die Möglichkeit, entscheidend am Förderprogramm für ihre eigene Person mitzuarbeiten.«

Die Vorgesetzten machen bei Beurteilungsgesprächen häufig allerdings keine bessere Figur als ihre Mitarbeiter. Selbst der ehemalige Chef eines US-Softwaregiganten übt Selbstkritik an seinen Fähigkeiten bei solchen Beurteilungsgesprächen. Seine Überzeugung: »Das ist eine komplizierte und heikle Aufgabe zugleich, die wir als Manager nicht gerade mit Bravour lösen. Solch eine Beurteilung ist die einzige Gelegenheit, bei der eine Führungskraft gezwungen ist, Richter und Sachverständiger in einer Person zu sein.«

Von derartigen Unsicherheiten des Chefs können pfiffige Mitarbeiter hervorragend profitieren und die Ungeschicklichkeit des Vorgesetzten für die eigenen Interessen nutzen. Professor Norbert Thom, einer der renommiertesten deutschen Personalwissenschaftler, bestätigt: »Da haben die Betroffenen durch gezielte Vorbereitung durchaus die Chancen, die Weichen für ihre weitere Karriere zu stellen.« Allerdings mahnt Thom, den Bogen nicht zu überspannen und seine Leistungen keinesfalls mit allzu schönen Worten zu schildern. Spätestens im folgenden Jahr können solche Aktionen zum gefährlichen Bumerang werden. »Wer im letzten Beurteilungsgespräch besonders aufgetrumpft hat, kann bei der nächsten Beurteilung ganz schön dumm dastehen«, betont der Personalexperte.

Thoms Ratschlag: »Bereiten Sie ein Plädoyer in eigener Sache vor.« Bei dieser Arbeit sind die Betroffenen jedoch weitgehend auf sich selbst angewiesen. Es sei denn, das Unternehmen übergibt ihnen, wie bei einigen Firmen üblich, ein paar Tage vor dem Gesprächstermin einen Fragenkatalog. Mit Hilfe dieses Leitfadens wird dann die Vorbereitung sehr viel einfacher.

Chefs tun sich bei der Planung solcher Treffen wesentlich leichter. Sie können mittlerweile zwischen einer Flut von Seminaren und Fachbüchern zu diesem Thema auswählen. Solches Training hilft jedoch längst nicht immer. Deshalb empfiehlt Personalfachmann Professor Ernst Zander: »Der Vorgesetzte muß selbst im kritischsten Gespräch erreichen, daß die Mitarbeiter motiviert werden. Zumindest müssen sie erfahren, was sie in Zukunft besser machen sollten.«

Doch selbst wer als Chef bei solchen Anlässen ein gutes Bild abgibt, gerät möglicherweise ins Stottern, wenn er wiederum vor seinem Vorgesetzten die eigene Leistung des vergangenen Jahres kommentieren und verteidigen muß. Dabei verfolgen die Gesprächspartner eigentlich immer dasselbe Ziel: Sie wollen ihre eigenen persönlichen Vorstellungen durchsetzen.

Wie sich Mitarbeiter überzeugend präsentieren

- Ganz sicher wird der Chef um Ihre kritische Selbsteinschätzung bitten. Überlegen Sie deshalb rechtzeitig vor dem Treffen, in welchen Bereichen Sie in den letzten zwölf Monaten nicht gerade gut ausgesehen haben. Stehen Sie zu Ihren Unzulänglichkeiten. Wer versucht, sich herauszureden oder vorgibt, ausschließlich Superleistungen zu vollbringen, schadet sich selber. Nutzen Sie die Aussprache, Ihre Arbeit in der Vergangenheit inklusive Schwächen zu begründen.
- Trumpfen Sie nicht gleich zu Beginn des Gesprächs mit Ihren vermeintlichen Glanztaten im zurückliegenden Jahr auf. Üben Sie lieber ein wenig Zurückhaltung, obwohl Klap-

pern natürlich nach wie vor zum Handwerk gehört. Es genügt völlig, wenn Sie ein von Ihnen besonders gut bearbeitetes Projekt oder eine außergewöhnliche Entwicklung als Beispiel nennen.

- Begründen Sie, warum Ihre Leistung eventuell von den Zielvereinbarungen abweicht. Bemühen Sie sich um Sachlichkeit, selbst wenn die Gründe für das Nichterreichen bei anderen Leuten zu suchen sind. Vielleicht stimmt die Kommunikation zwischen Mitarbeitern oder den Ressorts nicht ganz. Sagen Sie ehrlich, welche Ursachen in Frage kommen. Bieten Sie aber nur Lösungsvorschläge an, die nicht ausschließlich zu Lasten der Kollegen gehen.
- Fragen Sie sich, welche Fragen Sie anstelle Ihres Chefs stellen würden, um Sie gerecht beurteilen zu können.
- Bereiten Sie vor dem Treffen klare und vor allen Dingen realistische Vorschläge für die zu verabredenden Zielvereinbarungen für das nächste Jahr vor. Ganz wichtig: Aus diesen Empfehlungen müssen ganz deutlich Ihr Wille, mehr zu erreichen, und die Bereitschaft zu noch größerem Engagement zu erkennen sein. Vorsicht: Allzu hoch gesteckte Ziele machen Sie restlos unglaubwürdig.
- Hüten Sie sich vor einem zu gekünstelten Auftritt. Erfahrene Vorgesetzte wissen meist ganz genau, was ihre Mitarbeiter geleistet haben. Rhetorische Meisterleistungen sind damit völlig überflüssig, wirken eher lächerlich.
- Lehnen Sie fremde Hilfe beim Beurteilungsgespräch ab, selbst wenn der Betriebsrat oder jemand anderes Unterstützung anbietet. In solchen Unterredungen geht es ganz allein um Ihre Person. Sie müssen den Chef von Ihren Qualitäten überzeugen.

Wie Vorgesetzte im Beurteilungsgespräch glänzen

- Laden Sie jeden Mitarbeiter mindestens einmal pro Jahr zur gemeinsamen Leistungsbeurteilung ein. Je intensiver die Mannschaft ihr Arbeitsergebnis selbst beeinflussen kann, desto häufiger müssen Vorgesetzte mit ihnen reden. Das gilt zum Beispiel ganz besonders in Verkaufsabteilungen. Hier sind Gesprächsabstände von sechs Monaten empfehlenswert.
- Bitten Sie die Damen und Herren etwa 14 Tage vor dem geplanten Termin um die Unterredung. Legen Sie der Einladung einen detaillierten Fragenkatalog bei. Damit erleichtern Sie sich und den Kollegen Vorbereitung und Durchführung.
- Gehen Sie auf diese Themen ein: Arbeitsinteresse, Arbeitsplanung, Arbeitsqualität, Belastbarkeit, Engagement, Fachkenntnis, Eigeninitiative, Verantwortungsbewußtsein, Zuverlässigkeit, Organisations- und Verhandlungsgeschick, Lernwille sowie persönliche Qualifikation.
- Kalkulieren Sie für ein Beurteilungsgespräch mindestens eineinhalb bis zwei Stunden ein.
- Bereiten Sie sich auch »seelisch« auf solche Gespräche vor. Wer diese Treffen nur als lästige Pflicht ansieht, wird niemals sein Team zu Höchstleistungen motivieren können.
- Beobachten Sie den Gesprächspartner genau. Nur so erkennen Sie, ob er mögliche Kritik überhaupt versteht. Andernfalls laufen Sie Gefahr, den Mitarbeiter restlos zu entmutigen oder nachhaltig zu verärgern.
- Stellen Sie zum Schluß die Frage: »Wie beurteilen Sie mich?« Antwortet der Kandidat ohne zu zögern, dürfen Sie das Gespräch als Erfolg verbuchen. Sie können sicher sein, ein wirklich offenes Wort gesprochen zu haben, das den Kollegen zu neuen Leistungen anspornen wird.

Personalberater: Die meisten sind ideale Karrierehelfer

Die besonders noblen Adressen der Headhunter-Gilde geraten regelrecht in Wut, wenn eine Nachwuchskraft oder ein anderer Aufstiegswilliger bei ihnen um professionelle Karrierehilfe bittet. Die Damen und Herren Führungskräftevermittler, in der Regel in elegantes Tuch gehüllt und in luxuriösen Büros zu Hause, sehen sich – zumindest offiziell – ausschließlich als Partner von Unternehmen. In deren Auftrag suchen sie nach hochkarätigen Junioren und Kandidaten für Toppositionen in den Chefetagen.

Mit ein wenig Pfiffigkeit können jedoch auch viele Karriereorientierte vom Rat der Profis Nutzen haben. Dazu ein Tip: Wenn es nicht gleich bei einem der Branchenführer funktioniert, wird es vermutlich bei einem nicht so großen Konkurrenten klappen. Denn die Zahl der Personalberater ist schier unüberschaubar.

Und so gehen Sie am besten vor: Vermeiden Sie es, bei der Kontaktaufnahme den Consultant Ihrer Wahl ausdrücklich um eine Beratung zu bitten. Hinter solchen Wünschen vermuten die von der Bundesanstalt für Arbeit überwachten Führungskräftemakler häufig eine Kontrolle durch die Behörde. Denn Karriereberatung gilt in den Augen des Gesetzes immer noch als Aufgabe der Arbeitsämter.

Fragen Sie statt dessen nach einem kurzen Gespräch über Ihre bisherige Karriere. Reagiert der Angesprochene aufgeschlossen, können Sie in vielen Fällen gleich »drei Fliegen mit einer Klappe schlagen«. 1. Machen Sie bei der Unterredung einen besonders guten Eindruck, dürfen Sie mit Sicherheit davon ausgehen, daß sich der Berater in absehbarer Zeit mit einem lukrativen Angebot an Sie wenden wird. 2. Treten Sie überzeugend auf, verzichten viele »Executive Searcher« häufig auf das Honorar für ihre Ratschläge. 3. Vertrauenswürdige und langjährig erfahrene Personalberater haben selbst lange Zeit leitende Funktionen in Unternehmen ausgeübt und wissen also genau, wie man am besten die Karriereleiter heraufklettert. Gleichzeitig kennen sie eine Menge Manager, die vorbildliche Laufbahnen hinter sich gebracht haben. Von deren Erfahrungen können Sie dann profitieren.

Achtung: Längst nicht jeder Personalberater ist wirklich so seriös oder so erfahren, wie er sich in seiner Selbstdarstellung präsentiert. Immer wieder versuchen schwarze Schafe der Branche, ahnungslosen Klienten gewaltige Erfolge, im Anschluß an die teure Beratung, vorzugaukeln. Solche Garantien sollten Ihnen denn auch Anlaß genug sein, sich ganz schnell einen anderen Consultant zu suchen.

Schnelligkeit ist allerdings nicht nur bei der vorzeitigen Trennung von einem Unseriösen oberstes Gebot. Hilfsbedürftige wenden sich nämlich häufig erst viel zu spät an einen kompetenten Ratgeber. So klagt ein prominenter Headhunter, der Karriereberatung nicht als ehrenrührig ansieht: »Häufig kommen die Leute erst, wenn das Kind schon in den Brunnen gefallen ist oder die Schäden zumindest bedrohlich geworden sind. Betroffene sollten sich viel früher mit uns in Verbindung setzen, dann sind die Möglichkeiten, effizient helfen zu können, viel größer.« Ein weiterer Punkt regt Executive Searcher während ihrer Karrierehilfsprogramme allerdings zumindest ebenso heftig auf. Es sind besonders selbstbewußte Klienten, die sich nur anerkannt sehen wollen. Bei seriösen Beratern haben diese Kandidaten dann auch keine Chance.

Nutzen Sie nur den Rat der Besten

- Erkundigen Sie sich, ob Ihr Berufsverband besonders gute Kontakte zu einem oder mehreren Personalberatern unterhält. Oft gibt's den Karriereservice dann zum Sonderpreis.
- Studieren Sie Stellenangebote in den Samstagausgaben der überregionalen Tageszeitungen, wie »Welt«, »FAZ« und »Süddeutsche Zeitung«, dort schreiben Executive Searcher zu besetzende Positionen aus und nennen natürlich auch ihre Adressen.
- Wählen Sie sorgfältig aus. Vertrauen Sie sich nicht gleich dem erstbesten Consultant an. Führen Sie zunächst ein unverbindliches Vorgespräch, bevor Sie nähere Einzelheiten über sich und Ihre Pläne offenbaren. Erst nachdem Sie sicher sind, daß er Ihre Probleme versteht und sich auf Sie einstellen kann, sollten Sie sich für ihn entscheiden. Ein seriöser Berater berechnet für solche Informationsgespräche kein Honorar.
- Lassen Sie sich nicht von Erfolgsversprechen beeindrucken. Ein professioneller Karrierehelfer kann auf gravierende Fehler im bisherigen beruflichen Werdegang hinweisen und mit Ihnen gemeinsam eine Strategie für die Zukunft erarbeiten. Patentrezepte für den rasanten Aufstieg vom Sachbearbeiter zum Topmanager wird kein vertrauenswürdiger Karrierespezialist ausstellen.
- Fragen Sie vor dem ersten Karrieregespräch nach dem Preis der Beratung, und erkundigen Sie sich nach der vermutlichen Länge des Förderprogramms. Wer zusichert, in weniger als drei Stunden, mit Ihnen die Weichen für den Aufstieg zu stellen, übertreibt maßlos. Stundensätze ab 200 Mark sind, je nach Qualität des Beraters, üblich. Achtung: Lassen Sie sich eine Rechnung ausstellen. Solche Ausgaben dürfen Sie nämlich von der Steuer absetzen.

- Ein einfaches Gespräch und eine mündliche Beratung über mögliche Aufstiegschancen reichen meist nicht aus. Vereinbaren Sie deshalb, daß der Consultant bei der Umsetzung seiner Tips in die Praxis hilft. Klären Sie aber rechtzeitig, was dieser Service kosten wird.
- Stellen Sie rechtzeitig fest, wer sich mit Ihnen beschäftigen wird. Junge Berater nützen wenig und kosten meist nur Ihr Geld. Ausschließlich Chefs und ihre langjährigen Mitarbeiter leisten wirklich fundierte Aufbauhilfe.
- Bedrängen Sie den Gesprächspartner nicht mit dem dringenden Wunsch, in seine Kandidatenkartei aufgenommen zu werden. Darauf reagieren Headhunter äußerst verstimmt. Hält Sie der Executive Searcher für besonders gut, wird er sich ohnehin in kurzer Zeit bei Ihnen melden.
- Bereiten Sie sich auf das Treffen mit dem Personalberater sorgfältig vor. Schreiben Sie sich sämtliche Fragen auf, die Ihnen wichtig erscheinen.
- Haben Sie das Gefühl, Ihr Arbeitgeber möchte sich in absehbarer Zeit von Ihnen trennen, fragen Sie, ob er nicht vielleicht bereit ist, die Kosten für die Karriereberatung zu übernehmen. Das funktioniert häufig.

Sprachkenntnisse: Mindestens eine Fremdsprache ist Pflicht

Es klingt schier unglaublich, ist aber dennoch Realität: Immer noch geben selbst hochkarätige deutsche Führungskräfte der älteren Generation ein ziemlich trauriges Bild ab, wenn sie ihr Unternehmen auf internationalem Parkett präsentieren sollen. Konkurrenten aus dem Ausland haben diese Probleme weit weniger, mit entsprechend positiven Folgen für ihren Geschäftserfolg.

Kein Wunder, daß mangelnde Sprachkenntnisse inzwischen immer häufiger zum Karrierehemmnis für den Nachwuchs werden. So braucht sich heute niemand mehr um eine Managerposition zu bemühen, der nicht fließend englisch spricht. Selbst für Hochschulabsolventen gehört das Beherrschen der Business-Sprache Nummer eins zum obligatorischen Rüstzeug für den Aufstieg. Wer in seinen Bewerbungsunterlagen voller Stolz auf diese Fähigkeiten verweist oder sich – für Personalchefs ein Horror – bereit erklärt, fehlende Vokabelkenntnisse schnellstens nachzuarbeiten, hat beim Wettbewerb um einen verantwortungsvollen Job blitzschnell verloren.

Inzwischen verlangen sogar immer mehr Unternehmen von Kandidaten für die Geschäftsleitung sowie von Nachwuchsmanagern eine zweite Fremdsprache. Dabei schätzen Arbeitgeber neben französisch- und spanischsprechenden Mitarbeitern heute Mitarbeiter sehr, die eine östliche Sprache gut beherrschen.

Der neue Trend verschafft Sprachenschulen und Sprachreiseveranstaltern eine rasant anwachsende Kundschaft. Ganze Heerscharen Karriereorientierter beeilen sich, ihre längst vergessenen Schulkenntnisse aufzufrischen und zusätzliche Sprachen zu pauken. Doch häufig genug nutzt der teure Nachhilfeunterricht nur den Lehrern und nicht den Schülern. Deshalb ist bei der Auswahl des richtigen Lehrgangs höchste Vorsicht geboten.

Superlearning soll angeblich Wunder bewirken

Seit einigen Jahren versprechen Weiterbildungsinstitute Sprachschülern, die sich per Superlearning trainieren wollen, märchenhafte Erfolge. Mit Werbeslogans wie »Lust statt Frust«, »Lernen geht auch ohne Streß« und schier unglaublichen Garantien, zum Beispiel »2000 Worte in zwei Tagen«, locken die

Sprachtrainer in ihre Schulen. Das Interesse der Kundschaft ist dementsprechend hoch. Doch längst nicht immer halten die Institute, was ihre Broschüren verheißen. Gleichwohl haben Verbraucherschützer herausgefunden: »Mit Superlearning lassen sich Lerngeschwindigkeit und Aufnahmefähigkeit verdoppeln, sogar verdreifachen.«

Allerdings funktioniert das Sprachtraining im Eilverfahren nicht bei allen Schülern. Außerdem verblassen nach Überzeugung von Experten, die sich mit dem Verfahren intensiv auseinandergesetzt haben, durch Superlearning erworbene Sprachkenntnisse bald wieder, wenn der Betreffende zu selten Gelegenheit bekommt, das gerade Erlernte in der Praxis anzuwenden.

Wer aber kein Problem damit hat, für ein paar Tage an Lernspielen teilzunehmen, hin und wieder sogar ein Lied vor den anderen Teilnehmern zu singen und sich außerdem noch völlig entspannen kann, hat gute Chancen, mit der Methode – auch Suggestopädie genannt – besonders rasch Erfolge zu erzielen. Wem das traditionelle Büffeln von Vokabeln und Grammatikregeln nicht liegt, ist in Superlearning-Kursen ohnehin gut aufgehoben. Durch beruhigende, klassische Musik und eine Umgebung, die so gar nichts mit einem öden Klassenzimmer zu tun hat, soll das Training sowohl linke als auch rechte Gehirnhälfte ansprechen. Auf diesem Weg wird nicht nur das abstrakte, logische Denken angeregt, sondern auch das kreative, assoziative.

Diese kompliziert klingende Methode setzt natürlich die intensive Schulung der Lehrer voraus. Superlearing per Kassette zu Hause zu versuchen, halten Lernwissenschaftler deshalb für völlig sinnlos. Zum einen fehlt den Lernenden dabei häufig die notwendige Motivation, zum anderen können sich die wenigsten Menschen in eigener Regie in den erforderlichen Entspannungszustand versetzen.

Eine ganze Reihe von Instituten bietet in Deutschland das schnelle Training mit Musikuntermalung an. Achtung: Bevor Sie sich für Superlearning entscheiden, sollten Sie auf jeden Fall eine kostenlose Probestunde buchen. Denn längst nicht jeder eignet sich für das eigenwillige Verfahren. Beachten Sie auch beim Studium der Unterlagen: Seriöse Superlearning-Institute unterrichten immer mit zwei Lehrern – einem Sprachpädagogen und einem Suggestopäden.

Sprachenlernen per Superlearning gibt es als Wochenend-, Wochen- oder Abendkurs. Für ein fünftägiges Training müssen Teilnehmer rund 2000 Mark einkalkulieren. Dafür unterrichten die Schulen dann aber auch bis zu zehn Stunden pro Tag. Besonders vertrauenswürdige Anbieter bereiten Teilnehmer ausführlich mit dem Trainer auf den Lehrgang vor und sorgen für eine ausgefeilte Nachbetreuung zur Festigung der Sprachkenntnisse.

Traditionelle Sprachkurse

Wer sich für Superlearning nicht begeistern kann oder keine Lust verspürt, sich im Urlaub fehlende Sprachkenntnisse zu verschaffen, dem bleibt immer noch der Weg zur klassischen Sprachenschule an seinem Wohnort. Ein Blick in Tageszeitung oder in die »Gelben Seiten« macht die Suche nach einem Institut zum Kinderspiel. Weit über 1000 Anbieter kämpfen derzeit um die Gunst der Lernwilligen – längst nicht immer mit der notwendigen Seriosität.

Mit verheißungsvollen Worten versprechen die Lehrer, ihre Schüler per Intensiv-, Crash- oder Schnellkurs fit für die fehlerfreie Kommunikation mit Kunden, Lieferanten, ausländischen Freunden und Bekannten zu machen. Um dieses hohe Ziel zu erreichen, müssen die Lernbegierigen allerdings ein paar Wochen lang, schon morgens in den Klassenräumen Platz nehmen. Der Unterricht endet meist erst am Abend. Deutsch spricht, selbst während Kaffee- und Frühstückspause, meist niemand.

Der Weg zur richtigen Sprachenschule

Bevor sich Interessenten vertraglich an ein Fremdspracheninstitut binden, sollten sie folgende Punkte unbedingt prüfen. Aus gutem Grund, denn in Deutschland darf eigentlich jeder Sprachunterricht anbieten, und um die Qualifikation der Lehrer kümmert sich keine Aufsichtsbehörde.

- Arbeitet die Schule schon länger als zwei Jahre? Jüngere Institute müssen oft erst einmal einen eigenen Lernprozeß durchmachen.
- Hat das Institut schon mehr als 1000 Absolventen unterrichtet? Ab dieser Grenze gelten Sprachenschulen als ziemlich erfahren.
- Kann die Sprachenschule auf die Zusammenarbeit mit einer Reihe von bekannten Firmen verweisen? Falls ja, spricht diese Auskunft für hohe Qualität.
- Zahlt der Anbieter beim erfolglosen Abschluß die Teilnahmegebühr zurück? Kulante Schulen sind zu solchem Entgegenkommen bereit.
- Bietet der Ausbilder einen unverbindlichen, kostenlosen Einstufungstest an? Falls nein: Finger weg.
- Ist der Unterrichtsbesuch an allen Werktagen möglich? Dürfen Stunden, die wegen Krankheit oder Urlaub nicht besucht werden können, nachgeholt werden? Diese Bereitschaft sollte vorhanden sein.
- Besitzt das Lehrpersonal eine pädagogische Ausbildung und ist beim Institut fest angestellt? Teilzeitdozenten, die nur ihre Landessprache beherrschen, reichen keinesfalls aus. Bei Spezialkursen, zum Beispiel im Bereich Wirtschaft oder Tech-

nik, müssen die Pädagogen zusätzlich über das notwendige fachliche Know-how verfügen.

- Liegt der Stundenpreis für Gruppenunterricht deutlich über 50 Mark? Solche Honorare sollten Sie nur zahlen, wenn es sich um einen Speziallehrgang handelt. Bei Einzelunterricht verlangen die Schulen – je nach Qualität – mindestens 50 Mark pro Stunde.
- Welche Gebühren umfassen die Ausbildungskosten? Hin und wieder sind Auslagen für Lehrmaterial und Prüfung höher oder zumindest genau so hoch wie das Unterrichtshonorar.
- Verlangt das Institut eine außergewöhnlich hohe Vorauszahlung? Achtung: Wer schon vor Beginn richtig zur Kasse bittet, befindet sich womöglich in finanziellen Schwierigkeiten. Mehr als einen Teilbetrag sollte keine Schule vorab verlangen.
- Gibt es einen detaillierten Vertrag, der alle Rechte sowie Pflichten von Schüler und Fremdspracheninstitut regelt sowie klare Aussagen zur Kündigungsmöglichkeit nennt? Falls nein, gilt wiederum: Finger weg.
- Stimmen die Lehrer das Lehrprogramm mit den Schülern ab? Wer sich sklavisch an sein Lehrbuch hält, ist sein Geld keinesfalls wert.
- Beträgt die tägliche Unterrichtszeit mehr als drei Stunden? Nehmen weniger als sechs Teilnehmer am Lehrgang teil? Trifft beides zu, bürgt dies für Qualität.
- Informiert der Lehrer auch über Kultur und Mentalität der Einwohner des Landes, deren Sprache Sie erlernen wollen? Erste Adressen bieten solchen Zusatzservice.

Sprachreisen – das Angenehme mit dem Nützlichen verbinden

Nur wenige bekommen es hin, im ohnehin meist randvollen Terminkalender noch die Zeit für einen mehrwöchigen Sprachkurs einzuplanen. Der einzige Ausweg, sich das dringend benötigte Wissen zu verschaffen, heißt »Training während des Urlaubs«. Gerade für gestreßte Führungskräfte und alle, die es schon bald werden wollen, die beste Möglichkeit Vokabeln sowie Grammatik zu üben und gleichzeitig ein wenig auszuspannen. Weit mehr als 100 Anbieter haben diesen Bedarf inzwischen zum Geschäftsinhalt erkoren und präsentieren mehr oder weniger verlockende Kombinationen von Ferien- und Lernprogrammen.

Inzwischen gleichen die Kataloge der Sprachreisenverkäufer denn auch den Broschüren bekannter Urlaubsreiseveranstalter aufs Haar. Kaum ein beliebtes oder auch noch so ausgefallenes Urlaubsziel, an dem sich nicht das Angenehme mit dem Nützlichen verbinden ließe. Sprachenschulen gibt es heute unter anderem in Monte Carlo, ebenso in der Algarve, in der Toskana sowie in nahezu allen Metropolen rund um den Globus, sogar in der ehemaligen UdSSR und in China. Derzeit besonders »in«: Sprachurlaub kombiniert mit einem zusätzlichen Vergnügen zum Beispiel Segeln oder Kochen.

Wer aus der umfangreichen Angebotspalette der Veranstalter das maßgeschneiderte Programm auswählt, profitiert an den fernen Orten gleich von einem doppelten Lerneffekt: Vormittags trainiert er im Kurs, nachmittags und abends kann er das Gelernte gleich in die Praxis umsetzen – beim Einkaufen, im Restaurant, im Hotel oder im Gespräch mit seiner Gastfamilie.

Bei der Buchung solcher »Urlaubsreisen mit Lerneffekt« sind die Wißbegierigen allerdings in erster Linie auf Eigeninitiative angewiesen. Nur wenige Arbeitgeber zeigen Bereitschaft, solche ungewöhnlichen Weiterbildungsmaßnahmen finanziell zu fördern und Mitarbeiter zumindest für ein paar Tage von der Arbeit freizustellen. Der Ausweg in einigen Bundesländern: Bildungsurlaub (siehe Seite 125ff.). Auf diese Weise können Engagierte ihnen zustehende Freizeit nutzen, ohne wertvolle Urlaubstage zu verlieren.

Ferien-Sprachkurse im Qualitätstest

Wer zum erstenmal seine Sprachkenntnisse direkt vor Ort in einem fremden Land verbessern will, muß sich intensiv mit den folgenden Themen auseinandersetzen:

- Lesen Sie die Werbebroschüren sorgfältig, am besten mehrmals durch. Die Prospekte müssen detaillierte Angaben über Betreuung, Unterkunft, Unterricht sowie Freizeitangebot enthalten. Lassen Sie sich diese Informationen noch einmal wenigstens mündlich vom Veranstalter bestätigen.
- Suchen Sie nach einem Englischkurs, sollte Ihr Hauptaugenmerk auf Lehrgänge gerichtet sein, die zum First Cambridge Certificate führen. Dieses Zertifikat besitzt im wirtschaftlichen und kaufmännischen Bereich höchste Anerkennung.
- Lassen Sie sich niemals auf einen Vertrag mit einer Preisgleitklausel ein. Nur Festpreise sind akzeptabel.
- Prüfen Sie die Höhe der geforderten Vorauszahlung. Übersteigt dieser Betrag die Kosten für einen Reiserücktritt, verlangt der Anbieter ganz klar zuviel.
- Vertrauen Sie nicht auf Versprechungen in der Werbung. Dort locken die Veranstalter gerne mit außerordentlich hohen Erfolgsquoten und verweisen auf begeisterte Kursabsolventen. Solche Leistungsbeweise zählen nur, wenn sie tatsächlich zu belegen sind.
- Schauen Sie sich auf jeden Fall mehrere Kataloge unterschiedlicher Veranstalter an. Häufig kooperieren die Orga-

nisatoren mit denselben Schulen – allerdings zu oft sehr unterschiedlichen Konditionen. Außerdem setzen sich bei den verschiedenen Anbietern die Reisekosten meist recht unterschiedlich zusammen. Bei einigen enthalten diese Beträge Flugtickets und Hotelaufenthalt, bei anderen lediglich Unterricht und Unterkunft bei einer Gastfamilie.

- Bemühen Sie sich genau herauszubekommen, welchen beruflichen Hintergrund die zukünftigen »Schulkameraden« haben. Die Voraussetzungen sollten mit Ihren Erfahrungen möglichst übereinstimmen. Nur so können Sie davon ausgehen, daß während des Unterrichts Themen von gemeinsamem Interesse behandelt werden.
- Sind die Klassen international besetzt? Ein Lehrgang, an dem ausschließlich Sprachurlauber aus Deutschland teilnehmen, bringt wenig.
- Sprachferien sollten mindestens zwei Wochen dauern und wenigstens 30 Unterrichtsstunden pro Woche beinhalten. Vor Kursen mit mehr als 50 Trainingsstunden zwischen Montag und Freitag sei allerdings ebenfalls gewarnt. Sie ermöglichen keine Entspannung, die ein Sprachurlaub aber auf jeden Fall enthalten muß.
- Gruppenkurse dürfen nicht mehr als acht Teilnehmer haben, sonst ist der Lernerfolg äußerst fraglich.
- Viele Veranstalter bringen ihre Kunden bei Gastfamilien unter. Das setzt bei den Gästen zwar Kompromißbereitschaft voraus, weil meist höherer Komfort fehlt und kein Kellner ständig nach möglichen Wünschen fragt. Gleichwohl verhilft das Wohnen bei einer einheimischen Familie dazu, die Sprache schneller und leichter zu erlernen. Achtung: Stellen Sie aber früh genug sicher, daß Sie der einzige Deutsche im Haus sind. Außerdem sind Gastgeber vorzuziehen, die schon häufiger Sprachurlauber unter ihrem Dach beherbergt haben.

- Der Veranstalter sollte seinen Rechtssitz in Deutschland haben. Dann können Sie bei möglichen Querelen leichter zu Ihrem guten Recht kommen.
- Informieren Sie sich rechtzeitig vor Anmeldung und nicht erst nach der Buchung. Eine wichtige Informationsquelle ist die Aktion Bildungsinformation (ABI), Alte Poststraße 5, 70173 Stuttgart, Telefon 07 11 / 29 93 35. Die ABI kennt sich in diesem Bereich bestens aus und gibt eine Vielzahl von interessanten Broschüren heraus. Außerdem unterhalten die Stuttgarter Verbraucherschützer von Montag bis Freitag einen telefonischen Beratungsdienst (Telefon 07 11 / 2 27 00 73). Darüber hinaus hat der Fachverband Deutscher Sprachreiseveranstalter, kurz FDSV, einen »Sprachreiseratgeber« mit einer Fülle wichtiger Daten und Fakten aufgelegt. Bestellung: FDSV, Telefon 0 60 27 / 27 90.

Das Finanzamt zahlt häufig mit

Hin und wieder gibt es sogar gute Nachrichten vom Finanzamt: Wer seine Fremdsprachenkenntnisse vervollkommnen will, kann den Fiskus, wie bei vielen anderen Weiterbildungsaktivitäten auch, an den Kosten beteiligen. Allerdings ist es mit der schlichten Vorlage der Quittung in den wenigsten Fällen getan. Die Behörden und ihre Mitarbeiter zeigen sich bei der steuerlichen Anerkennung der Kurse äußerst penibel. So wollen die Beamten zum Beispiel genau wissen, ob der Lehrgang wirklich für das berufliche Fortkommen wichtig war. Eine Erklärung des Arbeitgebers, die die Notwendigkeit der Schulung bestätigt, erleichtert die Anerkennung der Ausgaben oft beträchtlich.

Noch pedantischer nehmen es die Damen und Herren in den Finanzämtern mit der Prüfung der Rechnungen für den Urlaubskurs. Geht aus der Quittung nicht eindeutig hervor, daß der Lehrgang mindestens 30 Unterrichtsstunden pro Woche gedauert hat, gelten die Ausgaben für die Reise schon von vornherein nicht als Werbungskosten. Gänzlich auf stur schalten die Staatsdiener meist bei Sprachferien in einem beliebten Touristenziel. Dann erkennen einige Ämter oft nur Kursgebühr und Lernmaterial als abzugsfähig an.

Zwei Tips: Sprechen Sie vor der Buchung mit Ihrem Steuerberater. Außerdem kommen erfahrungsgemäß kleinere Veranstalter Kunden in vielen Fällen gern entgegen und lassen bei der Rechnungstellung mit sich reden.

Auslandseinsatz – oft ein ideales Sprungbrett

Obwohl überall von Globalisierung, Internationalisierung und Vereinigtem Europa die Rede ist, halten sich gerade die Deutschen mit der Bereitschaft zurück, ein paar Jahre im Ausland zu arbeiten. Kein Wunder, daß Unternehmen Mitarbeiter sehr schätzen, die bereit sind, für einen absehbaren Zeitraum in einem fremden Land zu arbeiten. Denn die intime Kenntnis ausländischer Märkte und Konkurrenten gerät immer mehr zum Erfolgswerkzeug des Managements. Wer dann nach ein paar Jahren, versehen mit dem gewünschten Know-how, wieder in die Heimat zurückkehrt, hat beste Aussichten auf einen verantwortungsvolleren Posten. Das versprechen die Unternehmen zumindest.

Allerdings halten die Arbeitgeber hin und wieder nicht, was sie den Umzugswilligen zunächst zusichern. Sie senden ihre Angestellten ohne sorgfältige Vorbereitung an den neuen Einsatzort. Niemand stimmt sie auf den Umgang mit fremden Mentalitäten, unterschiedlichen geschäftlichen Gepflogenheiten und die neuen Lebensumstände für ihre Familien ein.

Ein schlichter Crashkurs in der Sprache des unbekannten Landes reicht längst noch nicht aus, obwohl moderne Sprachenschulen inzwischen zumindest eine kurze Einführung in Geschichte und Leben der jeweiligen Region in das Unterrichtsprogramm aufgenommen haben (siehe Seite 59).

Intensivtraining vor dem Umzug

Drei Organisationen bieten Einzelpersonen und Firmenteams Trainingsprogramme zur Vorbereitung auf den Auslandseinsatz an: die Carl Duisberg Centren, Hansaring 49, 50670 Köln, Telefon 02 21 / 16 26-0; das Institut für Auslandsbeziehungen, Charlottenplatz 17, 70173 Stuttgart, Telefon 07 11 / 22 25-0 und das Institut für Interkulturelles Management, Lohfelder Straße 14, 53604 Bad Honnef, Telefon 01 71 / 5 07 64 28.
Die drei Institute haben sich auf ihrem Fachgebiet inzwischen einen hervorragenden Ruf erworben. Ihre Seminare dauern meist etwa drei bis vier Tage und konzentrieren sich entweder auf ein bestimmtes Land oder eine Region. Ähnliche Hilfen bietet auch die Deutsche Lufthansa an. Die Airline stützt sich dabei auf die Auswertung der Erfahrungen in ihren weltweiten Niederlassungen. Die so gewonnenen Informationen gibt die Fluggesellschaft dann – mit einer Menge wirtschaftlicher, sozialer und klimatischer Daten aufgewertet – an Interessenten weiter. Nachfragen beantwortet die Kölner Lufhansa-Zentrale (Telefon 02 21 / 8 26-0).

Damit der Auslandseinsatz zum Karrierebaustein wird

Die Unternehmen klagen häufig über die Auslandsverdrossenheit ihrer Mitarbeiter. Die fehlende Bereitschaft, den heimischen Arbeitsplatz für eine Zeitlang zu verlassen, ist jedoch zumindest in einigen Fällen begründet. Denn schlechte Beispiele von Bekannten oder Kollegen, die ihre Bereitschaft zu einem Auslandseinsatz mit einem Karriereknick bezahlen mußten, schrecken ab. Der Grund für solche Flops: Bei der Rückkehr in die Heimat stehen gelegentlich höchst unliebsame Überraschungen bevor. Die Heimgekommenen sind in ihren Abteilungen zu Außenseitern geworden, zuhausegebliebene Kollegen zu Chefs aufgestiegen. Selbst Konzerne müssen sich in diesem Bereich harsche Kritik gefallen lassen.

Dem verbreiteten Desinteresse an der Reintegration entgeht nur, wer sich selbst um die Zeit nach seiner Rückkehr kümmert. Dieser Einsatz lohnt allemal. »Auf die Chance, ein anderes Land kennenzulernen und vielleicht sogar einen neuen Markt zu erobern, darf der karriereorientierte Nachwuchs auf keinen Fall verzichten«, gibt Rolf van Emmerich, einer der renommiertesten deutschen Personalberater und Karrierehelfer zahlreicher Topmanager aus Mülheim/Ruhr zu bedenken. Emmerich: »So etwas kann einen unter Umständen erst in die Lage versetzen, in der Heimat einen guten Job zu bekommen.« Allerdings gibt der Mülheimer zu bedenken: »Man muß die Tätigkeit im Ausland gleich von Anfang an auf das spätere Reentry ausrichten.« Enge Kontakte zum Mutterhaus in der Heimat hält er deshalb für unerläßlich.

Der individuelle Rückfahrplan

Damit die Heimkehr vom mehrjährigen Auslandsaufenthalt der Karriere richtige Schubkraft verleiht, sollten Betroffene schon vor der Abreise aus Deutschland für ihre spätere Rückkehr in den Stammsitz des Unternehmens die Weichen stellen.

Die folgende Checkliste hilft, Einsatz sowie Aufenthalt in einem fremden Land optimal zu planen und zu gestalten. Gehen Sie alle Punkte durch. Bestehen Sie auf genauer Klärung, bevor Sie endgültig der Versetzung an einen bislang noch ziemlich unbekannten Ort zustimmen.

- Verlangen Sie eine schriftliche Zusicherung, die Ihnen die Rückkehr in das Unternehmen garantiert. Selbst die Personalchefs großer Konzerne können sich gelegentlich nur sehr vage an ihre mündlichen Versprechungen erinnern. Sicherlich zu einem Teil wegen ihres schlechten Gedächtnisses. Sicherlich aber auch zu einem guten Teil aus schlichter Berechnung. In dem wichtigen Dokument sollte bereits fixiert sein, welche Position später für Sie vorgesehen ist.
- Unterschreiben Sie keinen Vertrag, in dem die Dauer des Auslandsaufenthaltes nur vage beschrieben wird. Die Praxis beweist immer wieder, daß gerade Rückkehrer, die länger als fünf Jahre in einer ausländischen Niederlassung ihres Arbeitgebers tätig waren, die größten Reintegrationsprobleme bewältigen müssen.
- Prüfen Sie, ob der vorgesehene Auslandseinsatz lediglich dazu dient, eine vorübergehende Vakanz zu besetzen. Verfolgt das Unternehmen damit weiterführende Pläne, ist Ihre Abordnung also Bestandteil der Personalentwicklung, können Sie »zuschlagen«.
- Achten Sie darauf, daß Ihr altes Gehalt als sogenanntes Schattengehalt in Deutschland weitergeführt wird. Ihr Einkommen nach der Heimkehr enthält dann zumindest die tariflichen Gehaltssprünge während Ihrer Abwesenheit.
- Vergewissern Sie sich früh genug, welche Schulen am neuen Arbeitsort vorhanden sind. Drohen die Kinder allzuviel gegenüber Schülern in der Heimat zu verlieren, lassen Sie sich die Übernahme von Ausgaben für eventuell notwendige Nachhilfestunden nach der Rückkehr garantieren.
- Verweigern Sie einen Einsatz, bei dem Sie sich intensiv um eine engumrissene Spezialaufgabe kümmern müssen. Hin und wieder werden die Abgesandten im Ausland zu regelrechten »Fachidioten« degradiert. Die Folge: Später können

sie in Deutschland kaum mehr ihren Fähigkeiten entsprechend eingesetzt werden.

- Lesen Sie auch im Ausland die notwendige Fachliteratur. Viele Unternehmen senden den Mitarbeitern diese Informationsblätter an den Einsatzort nach. Fragen Sie danach. Wichtige Entwicklungen auf Ihrem Spezialgebiet gehen Ihnen sonst verloren, und Sie verpassen den Anschluß.
- Lassen Sie sich während Ihrer Abwesenheit in regelmäßigen Abständen vom Vorgesetzten bewerten. Solche Mitarbeiterbeurteilungen sind in vielen Betrieben Grundlage von Personal- und Nachfolgeplanung.
- Halten Sie Kontakt zu Ihrer Abteilung in der deutschen Firmenzentrale. Wer sich nicht regelmäßig meldet, gerät spätestens nach einem halben Jahr in Vergessenheit. Besonders ärgerlich ist es, wenn Sie der Vorgesetzte aus seinem Gedächtnis streicht und bei der Personalplanung übergeht.
- Verlangen Sie mindestens einen Heimaturlaub pro Jahr zum Erfahrungsaustausch mit den deutschen Kollegen. Dies gilt gerade für Ingenieure. Denn die müssen in etwa fünf Jahren ihr Wissen zu mindestens 50 Prozent erneuern.
- Bemühen Sie sich, vom Ausland her an den firmeninternen Weiterbildungsprogrammen teilzunehmen. Sie kehren so nicht nur fit an den alten Arbeitsplatz zurück, sondern beweisen gleichzeitig Interesse an den Geschehnissen und Entwicklungen in der Firmenzentrale.

Job-Rotation: Basis für den Erfolg

Noch vor wenigen Jahren völlig undenkbar: Ein Ingenieur steigt in den Verkauf um, wechselt dann vielleicht ins Controlling, um wenig später die Personalabteilung zu übernehmen. Damals mußten sich Kaufleute selbstverständlich um Vertrieb und Verwaltung kümmern, Techniker hatten sich um die Produktion zu sorgen und Juristen durften sich ausschließlich mit Rechtsproblemen beschäftigen.

Inzwischen hat sich diese starre Ordnung als falsche Strategie erwiesen. Eine ganze Reihe von hochkarätigen Unternehmenslenkern hat sich heute durch ungewöhnliche hausinterne Wechsel an die Spitze katapultiert. Deshalb brauchen sich allzu eingleisig festgelegte Mitarbeiter erst gar nicht auf eine flotte Karriere einzustellen: Sie befinden sich in einer Sackgasse. Flexibilität ist angesagt und eine der wichtigsten Voraussetzungen für den Aufstieg. Schon wer nicht nur aus Erzählungen seiner Kollegen weiß, wie sich die Abläufe in anderen Abteilungen gestalten, qualifiziert sich für die Übernahme von mehr Verantwortung.

Per Job-Rotation, also einem sorgfältig geplanten Wechsel von Abteilung zu Abteilung, läßt sich das inzwischen hochgeschätzte Wissen über die Zusammenhänge im gesamten Betrieb erlangen. Für Professor Ernst Zander, einen der bekanntesten deutschen Personal- und Karriereexperten, gilt deshalb: »Jeder sollte auf eine möglichst breite Ausbildung im Unternehmen erpicht sein und in verschiedenen Ressorts gearbeitet haben.«

Die Personalentwicklungsabteilungen großer Arbeitgeber verfügen meist über sorgfältig entwickelte Rotationssysteme. Gibt es diese karrierefördernde Hilfestellung jedoch nicht, stehen ambitionierte Nachwuchskräfte vor der entscheidenden Frage, welche Abteilungen sie in erster Linie kennenlernen sollten. Welche Bereiche zahlen sich für den späteren Aufstieg ganz besonders aus?

Zwei Punkte sind für die Planung der Job-Rotation ausschlaggebend:

- Welche Fähigkeiten werden in nächster Zeit von den Führungskräften verlangt? Welche Qualifikationen sind in Zukunft Voraussetzungen für den Aufstieg?
- Welche persönlichen Qualitäten und Erfahrungen könnten in den nächsten Jahren besonders nützlich sein?

Bei der Antwort auf diese Fragen hilft meist schon sorgfältiges Analysieren der Vergangenheit. Was unterscheidet das heutige Führungsteam von den Managern der früheren Jahre? Was hat einem Vorgesetzten gefehlt, der das Unternehmen verlassen mußte?

Detaillierte Planung ist auch für den Zeitraum des Umstiegs und für die Häufigkeit der Wechsel im Unternehmen notwendig. Denn Job-Rotation sollte spätestens mit dem 40. Lebensjahr beendet sein. Wer danach glaubt, seine Tour durch die Abteilungen fortsetzen zu müssen, bekommt schnell das Image eines »Job-Hoppers«. Diese Leute gelten, im Gegensatz zu strategischen Karriereplanern, als ziellose Wechsler, die in keiner Position zufrieden sind oder denen ganz einfach Talent fehlt.

Solcher Kritik setzen sich allerdings auch Mitarbeiter aus, die möglichst jedes Jahr ein völlig neues Aufgabengebiet übernehmen möchten. »Zwei bis drei Jahre müssen schon vergehen, bevor die Kandidaten genügend Erfahrungen gesammelt haben«, berichtet ein Personalchef.

Wer Job-Rotation als wirkliche Basis für den Aufstieg sieht, darf sich nicht ausschließlich auf das Kennenlernen des Unternehmens konzentrieren. Es gilt genauso zu beachten, daß der jeweils neue Job eine entsprechend verantwortungsvolle Tätigkeit mit sich bringt. Der einfache Umstieg in ein anderes Aufgabengebiet reicht längst nicht aus, sich für Führungsaufgaben zu empfehlen. Deshalb ist sich Personalexperte Zander sicher: »Eine richtige Job-Rotation muß den Leuten klar definierte und verantwortungsvolle Funktionen zugestehen. Vor allem aber sollte niemand den Ehrgeiz besitzen, möglichst alle Abteilungen eines Unternehmens zu durchlaufen. Vier Umstiege sind genau richtig.«

So stellt denn auch kein Personalchef einen Manager ein, in dessen Lebenslauf zu lesen steht, daß er alle zwei Jahre ziel- und planlos gewechselt hat. Von ihm vermuten Einstellungsbeauftragte sofort, es sei bei den Wechseln ausschließlich um mehr Gehalt gegangen. Und diese Einstellung schätzen Unternehmen so gar nicht.

Die besten Wege für die Job-Rotation

von	*zu*
Controlling	Kostenrechnung
EDV/Organisation	Personalwesen
Forschung/Entwicklung/ Produktion	Kostenrechnung, Marketing, Vertrieb, Materialwirtschaft
Kostenrechnung	Controlling, EDV/Organisation
Marketing	Vertrieb
Materialwirtschaft	Vertrieb
Personalwesen	Kostenrechnung, Vertrieb
Vertrieb	Controlling, Marketing, Materialwirtschaft

Den exakten Weg durch die unterschiedlichen Fachabteilungen müssen Karriereorientierte natürlich ganz individuell planen und mit ihren Kollegen aus dem Ressort Personalentwicklung absprechen. Patentrezepte für den Ablauf der Bildungsreise durch das Unternehmen gibt es nämlich nicht.

Promotion: verleiht vielen hohes Ansehen

Vor einigen Jahren galt ein Universitätsabsolvent ohne den Namenszusatz »Dr.« nur wenig. Er konnte, so die Begutachter, wohl kaum das notwendige Handwerkszeug erlernt haben, um irgendwann Managementaufgaben zu übernehmen. Heute muß sich der Doktorhut mit anderen hochkarätigen Qualifikationen messen. Die Promotion hat von international anerkannten Topausbildungen wie dem Master of Business Administration (MBA) oder anderen Zusatzstudiengängen (siehe Seite 108ff.) Konkurrenz bekommen. Kein Wunder, daß die akademischen Würden, die sich einst so gut auf einer Visitenkarte machten, inzwischen längst nicht mehr die wichtigste Voraussetzung für eine flotte Karriere bedeuten. Trotzdem können sich Promovierte durch den Titel immer noch eindeutige Vorteile gegenüber Konkurrenten mit »einfacher« Hochschulausbildung schaffen. Außerdem gehört der Namenszusatz in einigen Bereichen nach wie vor zum »Muß«. Obendrein steht für eine ganze Reihe von Personalchefs heute wie damals fest: »Selbstverständlich befördern wir niemanden wegen seines Titels. Bei gleicher Qualifikation eines Bewerbers wird man aber mit ziemlicher Sicherheit den mit dem Titel bevorzugen. Voraussetzung: Die Promotion ist streng praxisorientiert angelegt.«

Allerdings unterscheiden die Personalexperten deutlich zwischen dem Doktorgrad einer ausländischen Universität, der in der Fachwelt kein besonderes Image genießt, und einem deutschen Doktorhut. Besonders hellhörig werden Mitarbeiter der Personalabteilungen und Vorgesetzte, wenn sich ein Mitarbeiter bemüht, mit dem Titel einer Hochschule in einem völlig unbekannten Land zu renommieren. Ihnen unterstellt man leicht, den Doktorvater nicht mit Forschungsergebnissen, sondern mit Geld überzeugt zu haben. Ähnliche Zurückhaltung müssen sich aber auch immer noch Inhaber des hinlänglich belächelten »Dr. Graz«, der besagten österreichischen Uni, gefallen lassen.

Allerdings, so schränken selbst die begeistertsten Verfechter der Buchstabenkombination »Dr.« ein, bedeutet nicht automatisch jede Promotion an einer anerkannten Hochschule die Garantie für den flotten Aufstieg. So müssen zum Beispiel Kandidaten, die sich für Literatursammlung, Forschungsarbeiten und Verfassen der Arbeit allzulange Zeit gelassen haben, die Hoffnung auf großes Wohlwollen des Arbeitgebers von vornherein aufgeben. Unternehmen halten solche Leute eher für Müßiggänger als für Personen, die sich engagiert auf ihren Aufstieg vorbereiten.

Wer als Wirtschaftswissenschaftler in drei Jahren mit der Promotion fertig wird, liegt indes nicht schlecht. Ingenieure dürfen sich mit der Doktorarbeit ungefähr sechs Monate länger Zeit lassen. Juristen müssen sich hingegen beeilen – in ein bis zwei Jahren sollten sie die Qualifikation für den Namenszusatz schaffen. Gleiches gilt für Naturwissenschaftler. Allerdings zählt für diplomierte Biologen, Chemiker und Physiker die Doktorarbeit ohnehin als »Muß«. Ohne Doktortitel haben sie nur wenig Chancen, interessante Aufgaben übertragen zu bekommen. Meist werden Naturwissenschaftler ohne Doktorhut sogar erst gar nicht in die engere Wahl gezogen, wenn es um die Besetzung einer guten Position geht.

Für alle, die sich von einer Promotion zusätzliche Schubkraft für ihre Karriere erhoffen, gilt bei der Auswahl des Themas ihrer Doktorarbeit dasselbe: Wer sich zu weit von der Praxis entfernt, schmälert den Wert des späteren Titels drastisch. Sogenannte Promotionsberater wollen helfen, derart folgenschwere Fehlentscheidungen zu vermeiden. Sie helfen bei der Wahl der richtigen Problemstellung, suchen einen renommierten – und vor allen Dingen praxisorientierten – Doktorvater, bemühen sich um Stipendien und helfen bei der Materialsammlung.

Natürlich lassen sich diese Helfer ihre Dienste von der karrierehungrigen Kundschaft gut bezahlen. Entweder kassieren sie ein Erfolgshonorar von mindestens 20 000 Mark, oder sie verlangen einen Stundensatz für ihre Beratungen, der meist bei 300 Mark und höher liegt. All diese Ausgaben müssen Aspiranten auf Doktorwürden zusätzlich zu den 30 000 bis 40 000 Mark, die eine Promotion ohnehin schon kostet, einkalkulieren. Achtung: Die Werbung der Promotionsberater klingt meist recht verheißungsvoll. Holen Sie jedoch unbedingt Referenzen ein, bevor Sie sich für einen dieser Helfer entscheiden. In der Vergangenheit haben viele angehende Doktoren mit ihrer Wahl Schiffbruch erlitten.

Häufig kommen zukünftige Doktorhutträger sogar ganz ohne fremde Hilfe aus. Denn selbst professionelle Consultants können ihren Schützlingen bei einem entscheidenden Problem nicht richtig helfen. Man hält den Promovierten nämlich immer noch häufig vor, daß sie zur Eigenbrötelei neigen und mit ihrer Arbeit nur außergewöhnliches Fachwissen in einem sehr engbegrenzten Bereich nachweisen. Wer als frischgebackener »Doktor« Skeptiker vom Gegenteil überzeugen kann und sich als dynamischer Kandidat mit breitem Know-how präsentiert, hat jedoch in der Regel Vorteile gegenüber Konkurrenten ohne den Namenszusatz.

Traditionsbewußte Kreditinstitute und Versicherungen betrachten promovierte Nachwuchskandidaten mit äußerstem Wohlwollen. Allerdings erwächst den Doktoren auch in diesen Branchen immer größere Konkurrenz durch die Inhaber von MBA-Diplomen international anerkannter Business Schools. Auslandsaufenthalte, möglichst viele Praktika sowie der Nachweis von Flexibilität und Mobilität helfen, Pluspunkte gegenüber den Wettbewerbern zu sammeln.

Ambitionierten Frauen verleiht der akademische Titel ganz besonderes Ansehen, wenn es darum geht, ihre Kompetenz zu unterstreichen. Ähnlich ergeht es freiberuflichen Juristen, die sich heute mehr denn je um Klienten bemühen müssen. Ihnen verhilft der Zusatz »Dr.« vor dem Nachnamen häufig dazu, die nicht promovierte Konkurrenz auszuschalten.

Die Investition in Zeit und Geld für eine Doktorarbeit macht sich nach Meinung des Gummersbacher Personal- und Gehaltsexperten Dr. Heinz Evers, Chef der Kienbaum Vergütungsberatung, in jedem Fall bezahlt. Seinen Erhebungen zufolge verdient ein Promovierter in seinem Leben etwa eine halbe Million Mark mehr als ein Kollege mit »einfachem« Hochschulabschluß. Doch nicht nur die Aussichten auf ein besseres Gehalt zählen für manche Doktoren zu den Vorteilen des edlen Namenszusatzes. So denkt zum Beispiel ein Vorstandschef heute noch voll Begeisterung an das Verfassen seiner Promotion zurück und rühmt die Folgen dieser Arbeit: »Allein schon durch die Arbeitstechnik, die ich vom Doktorvater gelernt habe, konnte ich die wesentliche Basis für meinen beruflichen Erfolg schaffen.«

Gehaltsvorteile

Gehaltsvergleiche der großen Wirtschaftsmagazine und der internationalen Vergütungsberater zeigen seit Jahren ein eindeutiges Ergebnis: Promovierte Fach- und Führungskräfte verdienen deutlich mehr als ihre Kollegen ohne Doktorhut. Zuschläge von 20000 Mark und mehr auf das Bruttojahresgehalt sind durchaus üblich. »Wer«, so der Gehaltsexperte einer großen deutschen Personalberatung, »sich seine Promotion nicht mit einem drastischen Aufschlag honorieren läßt, ist völlig blöde.« Die Aussage kommt aus berufenem Munde, denn der Berater führt selbst die beiden karriere- und gehaltsfördernden Buchstaben vor dem Familiennamen.

Zeitmanagement schafft Freiräume für das Wesentliche

Wer nach Höherem strebt, sich mehr Verantwortung wünscht, muß sich über eines im klaren sein: Sein Tagesprogramm wird sich beträchtlich erweitern. Genügend Zeit, Dinge in äußerster Ruhe zu planen und vor allen Dingen zu entscheiden, wird es viel zu selten geben. Grund genug, sich rechtzeitig ein optimales Zeitmanagement anzugewöhnen. Denn in einem sind sich Deutschlands Manager ausnahmsweise einmal einig: Sie haben fast immer viel zuwenig Zeit.

Kein Wunder, daß eine Vielzahl von Weiterbildungsinstituten mit entsprechenden Seminaren für Abhilfe sorgen will. Doch längst nicht alle Kurse zum Thema Arbeitsorganisation oder Zeitmanagement bringen den versprochenen Erfolg. Es gibt natürlich eine Reihe von rühmlichen Ausnahmen. Wer sich bei diesen erfahrenen Zeitsparern in die Geheimnisse des rationellen, schnellen Arbeitens einweihen läßt, kann seine Arbeitszeit ohne die Hilfe von Gewerkschaften kräftig verkürzen, sich Freiräume für das Wesentliche schaffen. So sparen erfolgreiche Absolventen nach dem Seminarbesuch im Durchschnitt eine halbe Dienststunde pro Tag ein.

Verständlich, daß sich vorbildliche Zeitmanagementtrainer nicht über zu geringen Zuspruch von Führungskräften und Nachwuchsmanagern beklagen können. Geht es doch gerade dieser Zielgruppe darum, den Arbeitstag möglichst rationell zu gestalten, kreativ arbeiten zu können und nicht ständig bis weit nach Feierabend hinter einem vollgepackten Schreibtisch zu sitzen.

»Wunderdinge sollten Zeitgeplagte von solchen Schulungen allerdings nicht erwarten«, mahnt Ulf D. Posé, Managementtrainer aus Mönchengladbach. Patentrezepte, die einheitliche

Regeln vermitteln, wie man ganz sicher jeden Tag nicht erst gegen Mitternacht nach Hause kommt, kann kein seriöser Anbieter ausstellen. Ausbilder empfehlen deshalb, »mit einer positiven inneren Einstellung an die Sache heranzugehen. Und dann zwei bis drei Dinge vom Seminarbesuch mitzunehmen, die sie im Alltag umsetzen wollen«.

Allerdings gibt es genügend Leute, denen ein Zeitmanagementlehrgang keinerlei Erfolg bringen kann. Deshalb sollten sich Interessenten vor der Buchung zunächst einmal auf die Probe stellen und die Frage beantworten »Will ich mein Verhalten tatsächlich ändern?«. Nur wer darauf mit einem überzeugten »Ja« antwortet, dem werden später die erlernten Methoden tatsächlich helfen. Wer jedoch Chaos dem organisierten Arbeiten vorzieht, ist in Zeitmanagementseminaren völlig fehl am Platze.

Die besten Aussichten, im Anschluß an einen Kurs tatsächlich etwas gelernt zu haben, sehen die Lehrgangsanbieter für zwei Gruppen: erstens bei Leuten, die sich bislang in erster Linie mit ihrer Lieblingstätigkeit beschäftigt haben, und zweitens bei ehemaligen Teilnehmern, die früher »Wurschtler« waren und nie gelernt haben, ihre Arbeit auch nur ein wenig zu organisieren. Gestreßten, die ohne Unterstützung durch Sekretärin oder Assistenten auskommen müssen, versprechen Zeitmanagementprofis ebenfalls Erfolge.

Die Umsetzbarkeit von richtigem Zeitmanagement ist jedoch in vielen Unternehmen äußerst begrenzt. Besonders Engagierte, die den Wunsch verspüren, die eigene Arbeit optimal zu koordinieren, sollten sich deshalb vor dem Seminarbesuch zumindest mit dem nächsten Vorgesetzten unterhalten. »Es nützt nämlich wenig, wenn nur ein Mitarbeiter mit einem Zeitplanungsbuch unter dem Arm durch die Firma läuft«, warnen die Experten nachdrücklich. Abstimmung tut not. Bestimmt doch fast überall der Chef das Arbeitstempo. Der Mitarbeiter hat sich dann darauf einzustellen – ob ihm das gefällt oder nicht. Besonders ärgerlich wird es für ihn, wenn er seinen Vorgesetzten in puncto Schnelligkeit aussticht. Solche Leute können Chefs nun mal überhaupt nicht leiden.

Auswahlhilfe für Zeitmanagementseminare

Selbst Weiterbildungsprofis haben keinen kompletten Überblick über die schier unüberschaubare Zahl von Lehrgängen mit Schwerpunkt Arbeitsorganisation. Aus den Prospekten und Werbeaussagen der Anbieter läßt sich außerdem meist wenig über die Qualität des Seminars ablesen. Interessenten sei deshalb empfohlen, vor Buchung die folgenden Punkte zu checken:

- Ein erfolgversprechender Zeitsparkurs muß mindestens zwei Tage dauern. Gibt ein Trainer vor, seine Schüler in wenigen Stunden zu Topleuten in Arbeitsorganisation zu trimmen, sollten Sie auf diese Aussage nicht vertrauen. Er wird sich wahrscheinlich darauf beschränken, seine Teilnehmer mit ein paar Techniken fit zu machen. Zeit für deren praktische Umsetzung gibt es in solchen Kurzseminaren nicht.
- Der Veranstalter sollte den Besuchern eine ausführliche schriftliche Handlungsanleitung mit detaillierten Checklisten zum Gebrauch am Arbeitsplatz zur Verfügung stellen. Nur dann wird die Teilnahme am Zeitmanagementseminar zum nachhaltigen Erfolg.
- Vertrauenswürdige Trainer haben in der Vergangenheit schon in leitenden Positionen gearbeitet. Sie wissen genau, was Termindruck heißt, kennen Schreibtischarbeit und lästige Routinetätigkeiten. Psychologen und Trainer, die solche Belastungen noch niemals selbst erlebt haben, helfen kaum.
- Ein vielversprechendes Seminar beginnt mit der Analyse des Ist-Zustands. Dabei stellt der Lehrer fest, wie es um die per-

sönliche Arbeitstechnik seiner Teilnehmer bestellt ist. Hat er deren Stärken und Schwächen ermittelt, kann er gezielt Abhilfe schaffen.

Crashkurs – effizientes Zeitmanagement ohne Seminar

Ulf D. Posé, Managementtrainer aus Mönchengladbach, ist überzeugt: »Führungskräfte können die drei größten 'Zeitdiebe' oft selbst in den Griff bekommen.« Sein Rat

- bei »Aufschieberitis«
  - Setzen Sie sich verbindliche Termine.
  - Legen Sie Teilschritte für die zu erledigenden Aufgaben fest.
  - Versuchen Sie nicht, alles selbst erledigen zu wollen. Delegieren Sie so oft es geht.
  - Bemühen Sie sich nicht um allzu große Perfektion. »Anti-Perfektionismus« läßt Sie Aufgaben in ihren wichtigen Strukturen erledigen.

- bei Konferenz- und Besprechungsstreß
  - Lassen Sie die anderen Gesprächsteilnehmer selber über den Zeitbedarf entscheiden. Das erreichen Sie zum Beispiel durch die Frage »Was schätzen Sie, wie lange wir für das Gespräch benötigen?« Damit übernimmt der Verhandlungspartner die Verantwortung für die Dauer des Treffens. Hält er sich nicht an seine eigene Vorgabe, dürfen Sie ihn, ohne unhöflich zu wirken, an seine Aussage erinnern. Außerdem haben Sie durch diesen Trick die Möglichkeit, beim Verabreden des Zeitbedarfs zu entscheiden, ob Sie sich wirklich so lange mit dem Thema beschäftigen wollen.
  - Legen Sie das Ende einer Sitzung immer vorher fest. Das können Sie zum Beispiel mit der Einleitung »Wir wollen jetzt eineinhalb Stunden über folgende drei Bereiche diskutieren.

Ich schlage vor, daß wir uns für jedes Thema 20 bis 25 Minuten Zeit nehmen. Dann bleibt uns anschließend noch Zeit, einige kleinere Punkte zu besprechen.« Mit dieser Erklärung schließen Sie unwesentliche Dinge rechtzeitig von der Tagesordnung aus, können sich besser auf die nächsten Termine einstellen und sind weiterhin Herr oder Frau über Ihren eigenen Tagesablauf.

- Kalkulieren Sie unbedingt genügend Zeit für »Beziehungspflege« ein. Sie wissen es natürlich, in fast jeder Konferenz sitzt mindestens ein Teilnehmer, der glaubt, sich ganz besonders intensiv präsentieren zu müssen. Solche Leute wollen deutlich machen, wie klug sie sind, was sie schon für tolle Leistungen vollbracht haben, und daß das Unternehmen ohne ihre Mitarbeit eigentlich nicht auskommen kann. Diese Selbstdarsteller kosten natürlich Ihre wertvolle Zeit. Versuchen Sie deshalb, die Gesprächsteilnehmer schon vor der eigentlichen Fachdiskussion miteinander reden zu lassen. Sie können dann ziemlich sicher sein: Das Treffen wird wesentlich sachlicher und schneller ablaufen, als Sie es erwartet hätten.

- bei übermäßig vielen und langen Telefongesprächen

- Finden Sie heraus, in welchen Zeiten Sie besonders häufig telefonieren. Führen Sie dazu für ein paar Tage eine Strichliste. Wie oft ruft man Sie pro Stunde an? Sie werden bei der Auswertung vermutlich feststellen, daß Sie etwa eineinhalb Stunden am Vormittag und rund eine Stunde am Nachmittag »an der Strippe hängen«.
- Versuchen Sie, Ihre Anrufzeiten zu begrenzen. Beschränken Sie dazu eigene Telefonate auf bestimmte Zeiten. Telefonieren Sie ausschließlich in der Zeit, in der man Sie auch oft anruft. Konzentrieren Sie sich während dieser Zeitspanne ausschließlich auf Telefonkontakte. Überlassen Sie Telefonate

nicht dem Zufall, sonst besteht die Gefahr, sich restlos zu verzetteln. Halten Sie sich an diese Regel. Damit bleibt vor und nach den Gesprächen wesentlich mehr Freiraum für Dinge, die mehr als drei Minuten konzentriertes Arbeiten erfordern. Denn so lange dauern die meisten Anrufe im Durchschnitt.

- Bieten Sie den Anrufern feste Telefonzeiten an. Wenn Sie etwa drei Monate lang allen, die von Ihnen wissen wollen, wann Sie am besten zu erreichen sind, sagen: »Am besten erreichen Sie mich in der Zeit von ... bis ...«, werden Sie schnell merken, daß die meisten sich daran halten. Ihr ganz persönlicher Vorteil des zunächst vielleicht ein wenig aufwendigen Verfahrens: Sie haben sich wiederum wichtige Freiräume geschaffen.

Zeitplanbücher im Test

Man kennt sie alle – vom feinen Schweinsleder-Modell über die edle Kroko-Version bis hin zur einfachen Plastik-Ausführung. Kaum eine Führungskraft geht heute noch ohne und kaum ein weniger hoch Angesiedelter, der sich mit diesem Statussymbol nicht zumindest das Flair eines »Wichtigen« verleihen will. Dabei fördern die teure Ausführung der Zeitplanungshelfer nicht nur das Image, sie leisten – richtige Nutzung vorausgesetzt – mehr als Billigversionen oder schlichte Terminkalender. Deshalb gibt Zeitmanagementexperte Ulf Posé zu bedenken: »Wer nur einen 'Terminer' benutzt, sollte sich darüber im klaren sein, daß er allenfalls seine Zeit verwalten, jedoch niemals richtig planen kann.«

Gerade sorgfältiges Planen gehört in heutiger Zeit zu den wichtigsten Erfolgsbausteinen eines Managers und all jener, die in Zukunft mehr erreichen wollen. Und bei diesem beruflichen Aufstieg wollen die Verkäufer der Zeitplanbücher helfen.

Deshalb enthalten ihre zum Teil recht opulent ausgestatteten Kalender längst nicht nur einfache Tages-, Monats- und Jahresübersichten, »Aktivitätschecklisten«, Formblätter für Besprechungsprotokolle oder zur Aufgabenkontrolle. Ideenbanken und noch vieles mehr gehören inzwischen zur Standardausstattung der Planungshelfer.

Die Bücher werden deshalb immer umfangreicher. Selbst detailliertes Datenmaterial über Trinkgeldgewohnheiten in fremden Ländern, nationale und internationale Messetermine sowie die Kleidergrößen vom Nutzer und seinen Angehörigen finden Platz. Inzwischen lassen sich Kalendereinträge sogar problemlos auf den heimischen PC übertragen und umgekehrt.

Wen wundert es da noch, daß einige Käufer mit den dicken Übersichten so gar nicht klarkommen und höchstens von einem Bruchteil der Nutzungsmöglichkeiten profitieren. Doch auch dafür gibt es inzwischen reichlich Abhilfe. So haben zum Beispiel Time/system und Tempus, beide ganz oben auf der Beliebtheitsskala der Zeitplanbuch-Besitzer, schon seit einiger Zeit komplette Seminarprogramme für den effizienten Umgang mit ihren Produkten ins Leben gerufen.

Allerdings müssen sich selbst Seminarbesucher vor einem Trugschluß hüten: Die Planungsarbeit nimmt ihnen sogar das ausgeklügelteste Zeitplanbuch nicht ab. Es kann nur dabei unterstützen, Ziele festzulegen und sie möglichst zum vorgesehenen Termin zu erreichen.

Die wichtigsten Anforderungen an ein Zeitplanbuch

»Vieles könnten sich die Produzenten der Planungshelfer eigentlich sparen«, ist sich Managementtrainer Ulf Posé sicher. Nach seinen Erfahrungen genügt es völlig, wenn die Bücher die folgenden Bereiche beinhalten:

1. **Planungsteil.** Im Planungsbereich werden alle anstehenden Arbeiten festgehalten, die terminlich noch nicht fixiert sind. Diese Projektübersicht bietet die Möglichkeit, alle Projekte nach Terminen, Aufgaben und Möglichkeiten der Delegation zu strukturieren.

2. **Aktueller Part.** In der Jahresplanung verteilt der Nutzer alle Termine auf die verschiedenen Monate. Die jeweilige Monatsplanung überträgt größere Aufgaben und Termine auf die betreffenden Tage. Die Tagesplanung wiederum hält alle aktuellen Aufgaben inklusive der Routinearbeiten fest. Vorsicht: Stützen Sie sich entweder auf Jahres- oder Monatsplanung. Wer beide Varianten nutzt, erhöht die Fehlerquote beträchtlich.

3. **Daten- und Ideenverwaltung.** Diesem Bereich muß Ihre besondere Aufmerksamkeit gelten. Er ist der wichtigste Bestandteil des Zeitplanbuchs. Hier notieren Sie u. a. wichtige Daten und Fakten über Umsätze, Statistiken, Strategien, aktuelle Projekte, Innovationen und Kundeninformationen.

4. **Adressen- und Telefonverzeichnis.**

Fachliche und persönliche Weiterbildung

Weiterbildungsinstitute in Deutschland: die Topadressen

Keiner weiß genau, wie viele Weiterbildungsverkäufer in der Bundesrepublik ihre Dienste anbieten. Selbst staatliche Stellen, sonst schnell dabei, wenn es gilt Genehmigungen zu erteilen und Regeln für die Eröffnung von Geschäften aufzustellen, kümmern sich nur wenig um den riesigen Markt. Was bleibt, sind deshalb nur grobe Schätzungen: rund 500 private Lehrinstitute, etwa 5000 Einzelkämpfer und eine große Zahl öffentlicher Bildungsanbieter sollen angeblich derzeit in Deutschland um die Gunst Weiterbildungshungriger werben.

Die besten Seminaranbieter

Nur die wenigsten wissen aus eigener Erfahrung, welche Lehrgangsveranstalter gute oder schlechte Dienste leisten. Die folgende Übersicht soll deshalb helfen, die Spreu vom Weizen zu trennen. Natürlich kann die Liste nicht vollständig sein. Eines garantiert die Übersicht jedoch: Die vorgestellten Veranstalter arbeiten alle seit Jahren in der Weiterbildung von Fach- und Führungskräften. Auf Wunsch belegen sie ihre Qualifikation gerne mit Referenzen zufriedener Kunden.

Die genannten Adressen sind nur in den seltensten Fällen mit den Veranstaltungen von Kursen und Seminaren identisch.

Viele Institute bieten ihre offenen Trainings, die also für jeden zugänglich sind, an mehreren zentralen Orten an. Bei Lehrgängen mit Teilnehmern aus nur einem Unternehmen richten sich die Veranstalter natürlich gerne nach den Wünschen ihres Kunden.

Eine Auswahl vertrauenswürdiger Seminaranbieter

Akademie für Führungskräfte der Wirtschaft
Hindenburgring 12A
38667 Bad Harzburg
Telefon: 0 53 22/73-0;
A, C, D, K, M, P, PA, PR, V

ASB Management Seminare
Gaisbergstraße 11–13
69115 Heidelberg
Telefon: 0 62 61/9 88-8;
A, D, Ei, F, K, M, P, PA, Pr, V

Birkenbihl Media GmbH
Scheidtbachstraße 15
51469 Bergisch Gladbach
Telefon: 0 22 02/94 17-0;
A, K, O, PA

Comteam
Kurstraße 2–8
83703 Gmund
Telefon: 0 80 22/96 66-0;
K, T

Control Data Institut
Ifflandstraße 2
68161 Mannheim
Telefon: 0621/406718;
D, K, M, PA

Controller Akademie
Leutstettener Straße 2
82131 Gauting
Telefon: 089/893134-0;
C

Deutsche Gesellschaft für Personalführung (DGFP)
Niederkasseler Lohweg 16
40547 Düsseldorf
Telefon: 0211/59780;
A, D, K, P, PA

Deutsches Institut für Public Relations
Habichtweg 1
41564 Karst
Telefon: 02131/768970;
PR

Deutsche Verkaufsleiter-Schule (DVS)
Stefan-George-Ring 24
81929 München
Telefon: 089/993550-0;
M, V

Deutsches Institut für Betriebswirtschaft (dib)
Friedrichstraße 10
60323 Frankfurt/Main
Telefon: 0 69/9 71 65-0;
D, F, K, M, O, P, PA, V

Institut Neue Wirtschaft (INW)
Kurze Mühren 2
20095 Hamburg
Telefon: 0 40/30 80 10;
A, F, K, M, P, PA, V

Institut für Management & Technologie (IMT)
Ehrenbergstraße 29
14195 Berlin
Telefon: 0 30/8 31 80 61;
A, D, F, M, O, P, Pr, V

Lufthansa Consulting
Kaltenbornweg 1
50679 Köln
Telefon: 02 21/8 89 96-0;
F, K, P, Q

Management Akademie München (MAM)
Max-Joseph-Straße 5
80333 München
Telefon: 0 89/5 51 78-315;
A, K, M, P, PA, V

Management Institut Ruhleder
Bismarckstraße 64
38667 Bad Harzburg
Telefon: 0 53 22/96 72-0;
A, K, PA

Mummert + Partner
An der Vogelrute 2
50374 Erftstadt
Telefon: 0 22 35/9 55 27-0;
A, K, M, PA, V

Wolfgang Reineke & Partner
Schloß Wolfsbrunnenweg 25
69118 Heidelberg
Telefon: 0 62 21/80 90 44;
K, M, PA, PR, V

Horst Rückle Team
Torellstraße 1
10243 Berlin
Telefon: 0 30/29 66 98 36;
A, F, K, M, P, PA, V

Technische Akademie Esslingen
In den Anlagen 5
73760 Ostfildern
Telefon: 07 11/3 40 08 23;
D, F, K, L, M, P, PA, Pr, V

Technische Akademie Wuppertal
Hubertusallee 18
42117 Wuppertal
Telefon: 02 02/75 95-0;
A, D, F, K, M, P, PA, Pr, V

Universitätsseminar der Wirtschaft (USW)
Schloß Gracht
50373 Erftstadt
Telefon: 0 22 35/4 06-0;
A, D, F, M, P, V

VA-Akademie für Führen und Verkaufen
Hauptstraße 123
65843 Sulzbach
Telefon: 0 61 96/6 00 00;
A, K, M, P, PA, T, V

Abkürzungsverzeichnis:
A = Allgemeines Management, Führungstechnik;
C = Controlling, Kostenrechnung;
D = Datenverarbeitung/Informationstechnologie;
Ei = Einkauf;
F = Finanz- und Rechnungswesen;
K = Kommunikation;
L = Logistik;
M = Marketing, Marktforschung;
O = Organisation;
P = Personalwesen;
PA = Persönliche Arbeitstechniken;
Pr = Produktion;
PR = Public Relations, Werbung;
Q = Qualitätsmanagement;

T = Train the Trainer;
V = Verkauf.

Wer unter den aufgeführten Adressen nicht fündig geworden ist, kann sich auch an den Wuppertaler Kreis e.V. – Deutsche Vereinigung zur Förderung der Weiterbildung von Führungskräften – wenden. In dieser Gemeinschaft haben sich rund 50 führende Institute zusammengeschlossen. Die Adresse: Wuppertaler Kreis e.V., Gustav-Heinemann-Ufer 85–88, 50968 Köln, Telefon: 02 21/37 20 18.

Seminar-Checkliste
Verständlich, daß jedes Weiterbildungsinstitut und jeder Trainer sein Kursprogramm nur in den schönsten Farben schildert. Deshalb sagen ihre häufig recht aufwendig gestalteten Broschüren nur wenig über Inhalt und Güte der Seminare aus. Mit den folgenden Prüfpunkten können Sie die Spreu vom Weizen trennen:

- Holen Sie Referenzen ein. Befragen Sie dazu ehemalige Seminarteilnehmer. Wichtige Frage »Wie hoch war der Praxisanteil?« Gut, wenn die Antwort »50 Prozent und mehr« lautet.
- Erkundigen Sie sich nach der Lehrmethode. Beschränkt sich der Dozent darauf, fast ausschließlich aus seinen Skripten vorzulesen, sollten Sie unbedingt weitersuchen.
- Prüfen Sie den Lehrstoff. Ein Managementseminar darf sich keinesfalls auf die schlichte Vermittlung von betriebswirtschaftlicher und volkswirtschaftlicher Theorie beschränken. Viel wichtiger: Die Vermittlung von Strategien und praxiserprobtem Know-how zur erfolgreichen Unternehmensführung.
- Stellen Sie fest, aus welchen Branchen die anderen Teilnehmer kommen. Gut, wenn die Mitstreiter aus möglichst unterschiedlichen Unternehmen stammen. Bei einem Seminar

ist der Erfahrungsaustausch vor und nach Ende des Unterrichts mindestens ebenso wichtig wie der Inhalt des Lehrstoffs. Deshalb gilt: je größer die Zahl unterschiedlich Vorgebildeter, desto größer die Möglichkeit, während der Veranstaltung viel Neues zu lernen.

- Kurzseminare bringen nur selten den gewünschten Erfolg. In Ein- oder Eineinhalb-Tages-Seminaren lassen sich Managementfähigkeiten kaum vermitteln. Wer traut sich zum Beispiel zu, in wenigen Stunden die Geheimnisse überzeugender Gesprächsführung zu erlernen? Geht es allerdings nur darum, sich über aktuelle Rechtsprechung o.ä. zu informieren, reicht ein kurzer Lehrgang durchaus.
- Per Fernkurs läßt sich das notwendige Know-how zur Übernahme von Führungsaufgaben kaum erlernen. Ausnahme: Sie schreiben sich an einer großen Fernakademie ein und erwerben dort einen staatlich anerkannten Abschluß (siehe Seite 94ff.).

Die besten Managementtrainings

Wirklich gute Adressen zur Ausbildung von hochkarätigem Führungsnachwuchs sind in Deutschland immer noch rar. Allerdings haben sich in der Vergangenheit einige Hochschulen mit Erfolg darangemacht, ihre Unterrichtspläne um karrierefördernde Kurse für Berufstätige zu erweitern. Die Unis mit Spezialprogramm für Aufstiegswillige und alle, die es fast schon an die Spitze eines Unternehmens geschafft haben, stimmen einige private Anbieter neidisch. Ihnen gelingt es nämlich problemlos, renommierte Spitzenmanager und Wirtschaftspolitiker als Referenten zu verpflichten. Nach dem Unterricht sind diese Topstars häufig gerne bereit, ein wenig »aus dem Nähkästchen zu plaudern«.

Nur ein privates Managementtrainingsinstitut kann sich mit

diesem Spitzenangebot messen: das Universitätsseminar der Wirtschaft, Schloß Gracht, 50373 Erftstadt, Telefon: 0 22 35/ 4 06-0. Dort arbeitet unter der Regie eines Professors ein Team erfahrener Akademiker, Unternehmensberater und höchst erfolgreicher Manager. Mittlerweile können sich die Erftstädter nach ihrer Neuausrichtung auf internationale Themen und den Trend zur Globalisierung in der Hitliste der Besten außerordentlich gut behaupten.

Eine Auswahl hervorragender Managertrainings

Kontaktstudium Management der Universität Augsburg. Seit Oktober 1976 bietet das Zentrum für Weiterbildung und Wissenstransfer (ZWW) der Universität Augsburg das berufsbegleitende Kontaktstudium Management für Führungskräfte aus Wirtschaft und Verwaltung an.

Voraussetzung für den Studienbeginn ist eine mindestens dreijährige Berufstätigkeit in einer verantwortlichen Position. Hochschulabsolventen kommen schon mit einem Jahr weniger Praxis aus.

Die inhaltliche Zusammensetzung und das zeitliche Engagement können die Teilnehmer gemäß ihren Interessen und Möglichkeiten zum großen Teil selbst bestimmen. So gehören zum Beispiel Themen wie Kommunikation, Projektmanagement, Konfliktbewältigung oder Funktionsbereiche wie Personal, Finanzen, Organisation, Marketing und so weiter zum Programm. Damit die Weiterbildung auch neben dem Beruf zu schaffen ist, findet das Kontaktstudium Management in erster Linie in Form von Wochenendkursen statt. Zwei- und Mehrtageskurse sind die Ausnahme.

Jedes Seminar stellt einen in sich geschlossenen Lehrgang dar. Es können daher einzelne Kurse belegt werden. Für den Seminarbesuch gibt es am Semesterende eine Bescheinigung. Wer alle Kurse belegen will, muß sich auf etwa 500 Stunden in den Hörsälen der Augsburger Uni einrichten. Für so viel Engagement und Durchhaltevermögen gibt es allerdings ein in der Fachwelt anerkanntes Zertifikat.

Seit Anfang 1999 hat das Zentrum für Weiterbildung und Wissenstransfer sein Angebot um ein berufsbegleitendes MBA-Studium erweitert. Die Ausbildung dauert zwei Jahre und kostet rund 40 000 Mark.

Weitere Informationen: Zentrum für Weiterbildung und Wissenstransfer (ZWW), Universitätsstraße 16, 86135 Augsburg, Telefon: 08 21/5 98-40 19.

Gießener Unternehmensführungsseminar

Jedes Jahr veranstaltet das Institut für Unternehmensplanung der Universität Gießen seinen General-Management-Lehrgang. Damit richten sich die Professoren in erster Linie an Angehörige des mittleren Managements in großen Unternehmen und an Führungskräfte in mittelständischen Firmen. Rund 20 Teilnehmer dürfen sich für das allseits hochgeschätzte Seminar Jahr für Jahr anmelden.

Beim Aufbau des Unterrichts unterscheiden sich die Gießener nur wenig von den Angeboten anderer Hochschulen. So lernen die Berufstätigen mit Hilfe von Praxisbeispielen, bei Teamarbeiten und in Gruppendiskussionen. In einem Unternehmensplanspiel, Spezialität des Lehrgangs, können die Mitwirkenden das Erlernte gleich in die Praxis umsetzen.

Weiterbildungsexperten und ehemalige Teilnehmer schätzen die Veranstaltung noch aus einem anderen Grund: Kaum irgendwo anders treten derart renommierte Referenten auf.

Übrigens: Die hessischen Managertrainer bieten zusätzlich eine Reihe von Spezialseminaren zur Weiterbildung von Führungskräften an. Ein Blick in das Veranstaltungsprogramm lohnt sich.

Weitere Informationen: Gießener Unternehmensführungsseminar, Institut für Unternehmensplanung der Universität Gießen, Licher Straße 62, 35394 Gießen, Telefon: 06 41/4 76 40.

Universitätsseminar der Wirtschaft (USW)

Das private Weiterbildungsseminar in dem malerischen Wasserschloß Gracht in Erftstadt bei Köln hat sich in den vergangenen Jahren zum Flaggschiff im deutschen Managementtraining entwickelt. Dorthin schicken Konzerne und Unternehmensberater ihren Nachwuchs und sogar erfahrene Manager, wenn sie die Kandidaten nicht zu einem Kurs an den europäischen Kaderschmieden anmelden wollen. Die Stars aus Politik, Wissenschaft und Praxis übernehmen Moderationen, Referate, Diskussionsleitungen oder halten mehrwöchige Seminare.

Aus dem Lehrgangsprogramm des USW:

- »General Management Seminar«. Der Lehrgang findet ein- bis zweimal im Jahr statt und dauert vier Wochen;
- »Management für jüngere Führungskräfte« dauert zwei Wochen;
- »Junior-Führungsprogramm« im modularen Aufbau. Dauer acht Monate inklusive rund drei Wochen beim USW;
- »Postgraduate Studium Management«. Zielgruppe sind Nachwuchskräfte ohne wirtschaftswissenschaftliche Ausbildung. Sie studieren berufsbegleitend. Dauer: 15 Monate. Der Abschluß eines internationalen MBA-Studiums ist möglich.

Übrigens: Das USW bietet nicht nur Langzeitseminare an.

Weitere Informationen: Universitätsseminar der Wirtschaft (USW), Schloß Gracht, 50373 Erftstadt, Tel.: 0 22 35/4 06-0.

Postgraduierten-Programm des Instituts für Weltwirtschaft

Das zehnmonatige Programm »Advanced Studies in International Policy Research« wendet sich in erster Linie an junge Wirtschaftswissenschaftler, die sich auf eine Karriere in internationalen Unternehmen vorbereiten wollen. Aufnahmevoraussetzung: abgeschlossenes Hochschulstudium und gute Englischkenntnisse.

Das Angebot des Instituts für Weltwirtschaft ist jeweils auf 25 Teilnehmer beschränkt.

Weitere Informationen: Institut für Weltwirtschaft, Advanced Studies, Düsternbrooker Weg 120, 24105 Kiel, Telefon: 04 31/88 14-1.

Achtung: Immer mehr Universitäten und Fachhochschulen öffnen ihre Hörsäle für Berufstätige und bieten zum Teil hochinteressante Spezialprogramme an. Die Preise für diese Seminare sind meist äußerst moderat. Fragen Sie bei der Hochschule in Ihrer Nähe nach entsprechenden Lehrgängen.

Seminare der IHK: häufig eine preiswerte Alternative

Viele Weiterbildungsinteressierte trifft schlicht »der Schlag«, wenn sie die Preise für manche Trainingsprogramme privater Institute erfahren. Kein Wunder, wenn die Erschrockenen dann ihr Engagement aufgeben und auf den Besuch von aufstiegsfördernden Seminaren verzichten. Eine völlig falsche Entscheidung. Heute braucht sich niemand mehr die Teilnahme an Weiterbildungsveranstaltungen zu versagen.

Immer mehr Industrie- und Handelskammern (IHK) vermitteln jetzt Nachwuchsmanagern und erfahrenen Führungskräften das Handwerkszeug für den beruflichen Alltag. Die neue Konkurrenz ist den renommierten Trainern natürlich ein Dorn im Auge, zumal die Zahl der IHK-Seminare wächst und sich ständig mehr Teilnehmer für diese Angebote entscheiden. Sogar große Unternehmen, bislang Stammkunden bei den privaten Trainingsinstituten, schicken inzwischen ihre Kollegen gerne in die Unterrichtsräume der Kammern.

Die IHK-Lehrer konzentrieren sich in erster Linie auf das Vermitteln von handfestem Rüstzeug wie Verkaufstraining und den erprobten Arbeits- und Führungstechniken. Zusätzlich im Programm: Fachveranstaltungen zu den Bereichen Organisation, Recht, Steuern und so fort.

Neben diesen Schwerpunkten kümmern sich die IHK immer häufiger auch um technische Themen, zum Beispiel aus den Bereichen High-Tech und Informationstechnologie.

Interessenten, die ihre Sprachkenntnisse erweitern möchten oder Sekretärinnen mit Aufstiegsambitionen sind bei den Weiterbildungsabteilungen vieler Industrie- und Handelskammern ebenfalls an der richtigen Adresse.

»Gurus«, die mit vermeintlichen Wundermethoden den Weg an die Spitze ebnen wollen, haben bei den Kammern keine Chance.

Doch nicht nur beim Programm setzen die Industrie- und Handelskammern auf Bewährtes und höchste Praxisrelevanz. Erfahren und anerkannt sind meist auch die Trainer. Ein gutes Beispiel: das IHK-Zentrum für Weiterbildung im bayerischen Feldkirchen-Westerham (Telefon 0 80 63/91-0). Dieses Institut kann es mit den gewerblichen Anbietern durchaus aufnehmen. Das Programm berücksichtigt neueste Entwicklungen; die Referenten sind meist renommierte Managementlehrer, die schon reichlich Erfahrungen im Seminargeschäft haben.

Dabei lassen sich die IHK den hochkarätigen Unterricht – meist an Samstagen und nach Feierabend – längst nicht so teuer bezahlen, wie die freiberuflichen Konkurrenten. Tageshonorare zwischen 300 und 500 Mark sind der Durchschnitt. Der Grund für diese Sonderangebote: Die Dozenten mit bekanntem Namen wollen auf diese Weise auf sich aufmerksam machen und mit den preiswerten IHK-Kursen eine neue Klientel in ihre privaten Institute locken. Dort müssen die Schüler dann natürlich wesentlich tiefer in die Tasche greifen.

Allerdings haben sich die Kammern in ihrer Weiterbildungsarbeit häufig auf unterschiedliche Schwerpunkte konzentriert. Das macht die Suche nach dem richtigen Seminar kompliziert, denn eine komplette Übersicht über das Angebot aller IHK gibt es nicht. Häufig helfen aber die Fachabteilungen der örtlichen Organisationen bei der Auswahl des passenden Kurses.

Die Anschrift der nächsten Industrie- und Handelskammer steht im Telefonbuch.

Weiterbildung per Fernkurs – eine oft unterschätzte Chance

Noch vor wenigen Jahren galt die Weiterbildung an einer Fernschule als wenig karrierefördernd. Kein Wunder, denn die privaten Bildungsinstitute hielten längst nicht immer, was ihre bunten Anzeigen in Illustrierten und Tageszeitungen vollmundig versprachen. Sie lockten mit rasantem beruflichen Aufstieg durch ihre Briefkurse. Gleichzeitig versuchten die Akademien den Eindruck zu vermitteln, daß das Pauken im Wohnzimmer kaum Arbeit bereite und wunderbarer Weise einen regelmäßigen Schulbesuch überflüssig mache. Die Wirklichkeit sah jedoch immer schon anders aus. Denn wer sich an einem Fernlehrinstitut beruflich bilden will, erlebt die wichtigste Prüfung gleich zu Beginn: die Auswahl eines geeigneten, wirklich seriösen Anbieters.

Die Qual der Wahl ist auch nicht viel leichter geworden, seit alle Briefberufsschulen der Aufsicht der Staatlichen Zentralstelle für Fernunterricht (ZFU) in Köln unterliegen. Zwar vergibt die Behörde aus der Domstadt für jeden Kurs ein Prüfsiegel, trotzdem ist das Etikett nicht immer gleichbedeutend mit einem aufstiegsfördernden Lehrgang. So haben die Kölner Marktwächter kaum die Möglichkeit, gegen großspurige Werbung und überzogene Erfolgsgarantien vorzugehen.

Um den korrekten Vertragstext und den pädagogischen Ablauf der Kurse kümmert sich die ZFU hingegen sehr genau, bevor sie den Fernlehrgängen den Segen erteilt. Ohne die behördliche Freigabe, ausgewiesen durch den Prüfstempel, darf kein Unternehmen berufliche Weiterbildung per Post anbieten, keinen neuen Ausbildungsgang in sein Programm aufnehmen. Wie hoch der tatsächliche Wert des oft recht teuren Heimlehrgangs anzusetzen ist, bleibt nach wie vor ungeprüft.

Außerdem erfordert das Lernen nach Feierabend und am Wochenende von den Bildungshungrigen weit mehr als traditioneller Unterricht gemeinsam mit anderen. Eine Tatsache, die Interessierte oft übersehen. Denn die Freiheit, seine Lernzeit selbst einteilen zu können, verlangt eine Menge Selbstdisziplin und gutes Zeitmanagement. Kein vorgeschriebener Stundenplan verordnet bedingungsloses Engagement zu festen Terminen. Kein Lehrer hilft »mal eben« bei Verständnisschwierigkeiten. Studienbriefe, Lerndisketten oder andere Medien wollen durchgearbeitet werden, wenn Freunde und Bekannte in Richtung Biergarten oder Wochenendvergnügen aufbrechen. Kein Wunder, wenn schon viele nach kurzer Zeit entnervt aufgeben und sich statt dessen wieder für ihre Freizeit entscheiden.

Auch wer glaubt, den Erschwernissen dieser Form der Fort- und Weiterbildung standhalten zu können, sollte vor der Unterschrift unter einen Vertrag mit einem Fernlehrinstitut noch einmal in sich gehen. Mindestens drei, meist sogar fünf und mehr

Jahre, wird der Bekanntenkreis auf den Fernschüler in seinen Reihen weitgehend verzichten müssen. Dadurch sind Reibereien und hin und wieder sogar das Auseinanderbrechen von Freundschaften programmiert. »Wer sich jeden Monat einen detaillierten Arbeitsplan aufstellt und regelmäßig kontrolliert, ob er sein Pensum tatsächlich einhält, braucht solche Probleme nicht zu befürchten. Er kommt pro Woche mit 15 höchstens 20 Stunden Lernzeit aus«, ist sich ein begeisterter Fernschüler aus Augsburg sicher. Gleichzeitig hat der Bayer erfahren, wie hoch Arbeitgeber den Einsatz von Mitarbeitern schätzen, die sich per Fernunterricht weiterbilden: »Ich wurde großzügig mit bezahlter Freizeit unterstützt, in der ich lernen konnte, und bekam nach Ende der Ausbildung automatisch eine Gehaltserhöhung.« Inzwischen hat sich der nebenberufliche Einsatz sogar noch weiter ausgezahlt – mit einer Beförderung.

Kein Einzelfall. Einen abgeschlossenen Fernlehrgang, natürlich mit einem staatlich anerkannten Diplom, sehen Personalchefs bei Mitarbeitern und Bewerbern immer gerne. Beweist doch das Zertifikat die Bereitschaft des Kandidaten, sich sogar außerhalb der Arbeitszeit überdurchschnittlich zu engagieren und für sein Weiterkommen außergewöhnliche Opfer zu bringen. Achtung: Nicht jedes Zeugnis einer Fernschule versetzt Chefs gleichermaßen in Begeisterung. Es gilt die Faustformel: »Das Heimtraining muß die Qualifikation des Mitarbeiters nachhaltig erhöhen.«

Hin und wieder sind die Personalentwickler in den Firmen sogar bereit, den Bildungseifer ihrer Mannschaft finanziell zu unterstützen. Allerdings müssen die angehenden Briefschüler dann aber schon über ausgeprägte Überredungskünste verfügen. »Wir wollen ganz genau wissen, ob sich der Kurs tatsächlich für das berufliche Fortkommen auszahlt«, verrät ein Personalchef.

Rat vom Managementtrainer

Ulf Posé aus Mönchengladbach gehört zu den renommiertesten Managementtrainern in Deutschland. Auch er hält Fernlehrgänge zur beruflichen Weiterbildung grundsätzlich für sinnvoll. Es gibt jedoch Ausnahmen.

Wie kann ein Laie feststellen, ob ein Fernkurs für ihn geeignet ist oder nicht?

Posé: Er muß zwei Dinge beachten. Zum einen geht es darum, was er lernen will. Zum anderen muß er sich darüber im klaren sein, was für ein Lerntyp er ist.

Welche Dinge lassen sich per Fernkurs erlernen und was nicht?

Posé: Alles, was man durch Lesen, auf Bilder schauen, also Betrachten, aufnehmen kann. Ist ein Lernprozeß aber mit Mitmachen und praktischem Training verbunden, zum Beispiel das Erlernen einer handwerklichen Tätigkeit, sind die Erfolgschancen sehr gering.

Gehen wir einmal davon aus, daß sich der Stoff per »Briefkurs« begreifen läßt. Wie erfährt der Interessent denn nun, ob er tatsächlich der geeignete Lerntyp für diese Form des Unterrichts ist?

Posé: Er muß sich fragen, mit welcher Methode er in der Vergangenheit die besten Lernerfolge erzielt hat. Es gibt vier Lerntypen: 1. den haptischen Menschen, der am besten durch praktisches Training lernt; 2. den audiellen Typen, der mit jemandem über den Unterrichtsstoff reden muß; 3. den visuell Lernenden, der gezeigt bekommen muß, wie eine Sache funktioniert; 4. den Rationalen. Er muß eine »griffige« Gebrauchsanweisung bekommen, damit er lernen kann.

Damit hat es also der rationale Typ am einfachsten per Fernunterricht zu lernen.

Posé: Richtig. Er liest die Anweisungen, paukt sie und speichert das Wissen. Aber auch die anderen können durchaus mit einem Fernstudium Erfolg haben.

Was müssen diese Leute tun?

Posé: Der audielle Typ sollte sich die Lernschritte auf Band sprechen und anschließend abhören. Der visuelle Mensch prägt sich Dinge am besten mit Hilfe von selbst angefertigten Zeichnungen, Grafiken oder Bildern ein. Dem haptischen Typ hilft zum Beispiel das Anlegen einer Lernkartei. Er schreibt den Inhalt der Lehrbriefe auf Karteikarten, die er anschließend einordnet und während des Lernprozesses immer wieder herausholt.

Auswahlhilfe

Die Pflicht, jeden Lehrgang von der Staatlichen Zentralstelle für Fernunterricht (ZFU) genehmigen zu lassen, zwingt Fernschulen zur Einhaltung wichtiger Qualitätskriterien. Das ZFU-Siegel bürgt jedoch keinesfalls dafür, daß jeder Kurs tatsächlich zum gewünschten Ziel führt. Die folgende Checkliste hilft, den optimalen Lehrgang aufzuspüren.

Anforderungen überprüfen. Fernschulen sind gehalten, in ihren Unterlagen detailliert auf die Voraussetzungen zur Teilnahme am Lehrgang hinzuweisen. Das gilt auch für den voraussichtlichen Zeitaufwand und die Dauer des Studiums. Die Fragen: »Bin ich wirklich in der Lage, diese Belastungen auf mich zu nehmen?«, »Reicht meine fachliche Qualifikation zur Teilnahme aus?«

Probelehrbrief anfordern. Wer per Fernkurs lernt, muß weitgehend auf den Beistand eines Lehrers verzichten. Deshalb vor dem Start von jeder Schule mindestens einen Originallehrbrief kostenlos zur Probe schicken lassen. Die Frage: »Sind die Aufgaben überwiegend ohne fremde Hilfe zu lösen?«

Studienmaterial vergleichen. Je häufiger ein Fernschüler mit neuen Lehrbriefen, Disketten, CD-ROMs oder anderen Lernhilfen versorgt wird, desto intensiver kann er arbeiten. Gleichzeitig hängt der Erfolg auch von der Schnelligkeit ab, in der die Hausaufgaben korrigiert werden. Die Frage: »Welche Schule macht das beste Angebot?«

Zusätzliche Lernhilfen ermitteln. Gerade bei Lehrgängen, die zu besonders hochwertigen Abschlüssen führen, reicht der Briefwechsel zwischen Schule und Schüler nicht aus. Die Fragen: »Bietet das Institut eine telefonische 'Hotline', über die Lehrer leicht erreichbar sind?«, »Gibt es in der Nähe des Wohnortes Studienzentren, an denen sich Fernschüler treffen und mit Lehrern sprechen können?«

Anerkennung des Abschlusses klären. Längst nicht alle Fernkurse führen zu anerkannten Diplomen. Hin und wieder locken die Schulen mit verheißungsvoll klingenden Ausbildungsgängen, die in der Praxis jedoch nur wenig oder überhaupt kein Ansehen genießen. Die Frage: »Was halten die Berater des Arbeitsamtes oder die Experten der Industrie- und Handelskammer von solchen Leistungsnachweisen?«

Kündigungsmöglichkeiten kontrollieren. Fernlehrinstitute müssen in ihren Verträgen ein Widerrufsrecht einräumen. Damit haben die Schüler die Möglichkeit, innerhalb von zwei Wochen nach Eingang des ersten Lernmaterials vom Vertrag zurückzutreten. Sechs Wochen vor Ende des ersten Halbjahres nach Vertragsabschluß ist eine Kündigung möglich. Danach kann der Vertrag jederzeit mit einer Frist von drei Monaten aufgelöst werden. Die Frage: »Räumt das Institut diese Fristen ein?«

Lehrgangsabsolventen befragen. Die Fernschulen berichten von ihren Angeboten natürlich nur mit den schönsten Worten. Nur »Ehemalige« sind aber in der Lage, wirkliche Entscheidungshilfe zu geben. Die Frage: »Wie lautet ihr Urteil?«

Finanzspritzen für Fernschüler

Trotz weitgehend leerer Kassen von Bund und Ländern können sich Interessierte durchaus Hoffnungen auf einen staatlichen Zuschuß zu ihrer privaten Weiterbildungsinitiative machen. Erkundigen Sie sich, ob für Sie eine der folgenden Fördermaßnahmen in Frage kommt:

- Förderung nach dem Aufstiegsfortbildungsförderungsgesetz (AFBG). Antragsberechtigt: Fachkräfte, die sich auf den Meister, Techniker oder einen ähnlichen Abschluß vorbereiten wollen. Informationen gibt's bei den Industrie- und Handels- oder Handwerkskammern.
- Förderung nach dem Arbeitsförderungsgesetz (AFG). Antragsberechtigt: Arbeitnehmer ohne Berufsabschluß, die sich das fehlende Diplom per Fernkurs besorgen wollen. In Einzelfällen gibt es auch für Arbeitslose ohne Abschluß Geld. Informationen gibt's beim Arbeitsamt.
- Förderung nach dem Bundesausbildungsförderungsgesetz (BAföG). Antragsberechtigt: Teilnehmer an Lehrgängen, die auf staatlich-schulische Abschlüsse vorbereiten. Informationen gibt's bei Stadt- oder Kreisverwaltung.
- Steuerliche Unterstützung. Ausgaben für Fernkurse im ausgeübten Beruf dürfen – nach Abzug eventueller staatlicher Zuschüsse – vollständig als Werbungskosten in der Steuererklä-

rung geltend gemacht werden. Wer sich auf einen nichtausgeübten Beruf vorbereitet, kann die Lehrgangskosten bis zur Höhe von 900 Mark pro Jahr als Sonderausgaben absetzen.

Wichtige Adressen für angehende Fernschüler

Zwei Organisationen helfen bei der Auswahl eines Fernlehrgangs und stehen Fernschülern bei Problemen mit dem Institut zur Seite. Außerdem versenden sie gegen geringe Gebühr aktuelle Verzeichnisse aller staatlich zugelassenen Fernkurse.

- Bundesinstitut für Berufsbildung (BIBB), Fehrbelliner Platz 3, 10707 Berlin, Telefon 0 30/86 83-0
- Staatliche Zentralstelle für Fernunterricht (ZFU), Peter-Welter-Platz 2, 50676 Köln, Telefon 02 21/92 12 07-0

Neuer Trend: Hochschuldiplome per Fernunterricht und meist sogar ohne Abitur

Seitdem die Politiker auf eine Öffnung von Unis und Fachhochschulen für Berufstätige setzen, locken immer mehr private und staatliche Hochschulen mit einer Fülle von neuen Angeboten. Die ungewohnte Offenheit geht sogar noch weiter: Selbst Bewerber ohne Reifezeugnis können jetzt per Studienbrief akademische Weihen erlangen.

Der Aufwand für das nebenberufliche Studium ist mit der zeitlichen Belastung für einen traditionellen Fernlehrgang vergleichbar – 15 bis 20 Stunden pro Woche. Was die Freizeitstudenten zu solchem Engagement motiviert, hat die 1998 eröffnete Fernfachhochschule Hamburg ermittelt: »Die Leute wollen sich meist für einen Karrieresprung fitmachen, einen Branchenwechsel vorbereiten oder durch die Fortbildung ganz einfach ihren Arbeitsplatz sichern.«

Mini-Lexikon für angehende Fernstudenten

Das Studium an Fernhochschulen unterscheidet sich in einigen Punkten von der traditionellen Ausbildung der Fernschulen.

Präsenzphasen. Während dieser Zeit, etwa 20 Prozent eines Semesters, treffen sich die Studenten meist an Wochenenden in den Studienzentren. Dort besteht dann die Möglichkeit, sich unter anderem mit Kommilitonen, Tutoren und Lehrbeauftragten auszutauschen, in Gruppen zu lernen und an Planspielen, Übungen oder Laborversuchen teilzunehmen.

Selbststudienphasen. Fernstudenten absolvieren den größten Teil ihrer Ausbildung (rund 80 Prozent) am heimischen Schreibtisch. Hier bearbeiten sie mit Hilfe ausführlicher Studienbriefe und immer häufiger mit CD-ROM, Diskette oder Video die Lerninhalte und lösen Übungsaufgaben. Korrekturen erhalten die zukünftigen Hochschulabsolventen per Post oder im Anhang der Studienbriefe. Bei Problemen stehen Lehrbeauftragte in den Studienzentren per Telefon, E-Mail und zum persönlichen Gespräch zur Verfügung.

Prüfungen. Jedes Studienfach wird durch einen oder mehrere Tests abgeschlossen – Klausuren, Hausarbeiten oder mündliche Prüfungen. Am Ende des Grundstudiums steht bei den meisten Hochschulen eine Vordiplomprüfung. Das Hauptstudium endet mit der Diplomprüfung.

Staatliche Förderung. Die Kosten für Fernstudiengänge lassen sich entweder als Sonderausgaben oder Werbungskosten von der Steuer absetzen. Welche Vergünstigungen der Student nutzen kann, hängt vom Einzelfall ab. Deshalb: Steuerberater oder Finanzamt fragen. Erleichterungen werden Soldaten und Zivildienstleistenden gewährt. Wehrpflichtige, Soldaten auf Zeit und »Zivis« können auf Antrag einen wesentlichen Anteil der Studiengebühren vergütet bekommen. Informationen: Berufsförderungsdienst/Kreiswehrersatzamt beziehungsweise Bundesamt für Zivildienst in Köln. Achtung: Fernstudenten bekommen kein BAföG.

Fernstudienprogramme mit Hochschuldiplom

Eine ständig wachsende Zahl von Universitäten und Fachhochschulen bietet Berufstätigen die Möglichkeit, neben dem Job, einen Hochschulabschluß zu erwerben. Hier einige besondere Angebote:

Betriebswirtschaft

»Betriebswirtschaft« an der Deutsch-Ordens-Fachhochschule Riedlingen. Die baden-württembergische Hochschule vermittelt den Studenten eine fundierte betriebswirtschaftliche Rund-um-Ausbildung – vom Controlling über Managementtechniken, Projekt- und Personalmanagement bis hin zu Finanzierung und Marketing. Studienvoraussetzungen: Fachhochschulreife beziehungsweise Bestehen einer Eignungsprüfung. Studiendauer: mindestens sieben Semester. Studienbeginn: 1. März/1. September. Studiengebühr: 580 Mark/Monat. Studienzentren: Riedlingen, Stuttgart, weitere im Aufbau. Abschluß: Diplom-Betriebswirt (FH). Weitere Informationen: Deutsch-Ordens Fachhochschule, Telefon 0 73 71 / 93 15-0. Sonstige Fernstudiengänge an der Deutsch-Ordens-Fachhochschule: nein.

»Betriebswirtschaft« an der AKAD – Hochschule für Berufstätige. Deutschlands größter privater Bildungsanbieter für Berufstätige bereitet die Studenten auf den Einsatz in verantwortlichen Managementpositionen vor. Studienvoraussetzungen:

Fachhochschulreife oder Abitur beziehungsweise Probestudium oder Aufnahmeprüfung. Studiendauer: mindestens drei Jahre. Studienbeginn: jederzeit. Studiengebühr: 510 Mark/Monat. Studienzentren: Berlin, Düsseldorf, Frankfurt/Main, Hamburg, Lahr, Leipzig, München, Rendsburg, Stuttgart. Abschluß: Diplom-Betriebswirt (FH). Weitere Informationen: AKAD, Telefon 0711/81495-222. Sonstige Fernstudiengänge an der AKAD: Wirtschaftsinformatik, Wirtschaftsübersetzer.

»Betriebswirtschaftliches Externes Studium mit Präsenzphase« an der Fachhochschule Niederrhein. Der Lehrplan ist mit der Ausbildung an der Deutsch-Ordens-Fachhochschule vergleichbar. Studienvoraussetzungen: Fachhochschulreife beziehungsweise Bestehen einer Eignungsprüfung sowie drei Jahre Berufspraxis. Studiendauer: sieben Semester. Studienbeginn: Sommer-/Wintersemester. Studiengebühr: 185 Mark/Semester. Studienzentrum: Mönchengladbach. Weitere Informationen: Fachhochschule Niederrhein, Telefon 02161/186960. Sonstige Fernstudiengänge an der Fachhochschule Niederrhein: nein.

»Studium im Baukastensystem« an der TFH Technische Fachhochschule Wildau. Studenten an der brandenburgischen Akademie brauchen sich nicht gleich für den kompletten Studiengang anzumelden. Sie können sich zunächst für einzelne Module (zum Beispiel: Statistik, Finanzwirtschaft, betriebliches Rechnungswesen) einschreiben. Sind alle Prüfungen mit Erfolg bestanden, verleiht die TFH das Diplom. Studienvoraussetzungen: Fachhochschulreife beziehungsweise Bestehen einer Eignungsprüfung und Mindestalter 24 Jahre. Studiendauer: mindestens neun Semester. Studienbeginn: Wintersemester. Studiengebühr: 600 Mark/Semester. Studienzentrum: Wildau. Abschluß: Diplom-Betriebswirt (FH). Weitere Informationen: TFH, Telefon 03375/508-281. Sonstige Fernstudiengänge an der Technischen Fachhochschule Wildau: Wirtschaftsingenieurwesen.

Informatik

»Informatik« an der Otto-von-Guericke-Universität Magdeburg. Die Fernstudenten werden auf einen Einsatz in Forschung und Lehre vorbereitet. Auf dem Lehrplan stehen unter anderem Mathematik, Simulation und Graphik, technische Informationssysteme. Studienvoraussetzungen: Hochschulreife plus Berufserfahrung, möglichst abgeschlossene Berufsausbildung. Studiendauer: mindestens zwölf Semester. Studienbeginn: Wintersemester. Studiengebühr: 25 Mark/Semester. Studienzentrum: Magdeburg. Weitere Informationen: Uni Magdeburg, Telefon 03 91/67-1 22 84. Sonstige Fernstudiengänge an der Otto-von-Guericke-Universität: nein.

»Informatik« an der Fernfachhochschule Darmstadt. Die Darmstädter haben das klassische Informatikstudium um die beiden Schwerpunkte Informations- und Kommunikationsmanagement erweitert. Dazu gehören zum Beispiel Controlling, Führungstechnik und Projektmanagement. Studienvoraussetzungen: Fachhochschulreife beziehungsweise individuelle Regelung sowie zwei Jahre Praxis. Studiendauer: mindestens acht Semester. Studienbeginn: jederzeit. Studiengebühr: 490 Mark/Monat. Studienzentrum: Darmstadt. Abschluß: Diplom-Informatiker (FH). Weitere Informationen: Fernfachhochschule Darmstadt, Telefon 0 61 57/8 06-404. Sonstige Fernstudiengänge an der Fernfachhochschule Darmstadt: in Vorbereitung.

Wirtschaftsingenieurwesen

»Wirtschaftsingenieurwesen« an der FFH Fernfachhochschule Hamburg. Die 1998 gegründete FFH verbindet eine wirtschaftswissenschaftliche Ausbildung mit der Vermittlung von ingenieurwissenschaftlichem Know-how. Im Hauptstudium steht je ein Schwerpunkt aus den Bereichen Industrial Management und Verkehrssystemtechnik sowie Controlling, Informatik, Logistik, Marketing, Unternehmensführung zur Auswahl. Studienvoraussetzungen: Fachhochschulreife plus Praktikum beziehungsweise mindestens vier Jahre Praxis sowie Bestehen einer Fortbildungsprüfung, zum Beispiel Meisterbrief. Studiendauer: mindestens neun Semester. Studienbeginn: 1. Januar/1. Juli. Studiengebühr: 410 Mark/Monat. Studienzentren: Berlin, Dresden, Düsseldorf, Essen, Hamburg, Hannover, Herford, Jena, Kaiserslautern, Leipzig, München, Nürnberg, Osnabrück, Rendsburg, Stuttgart, Wiesbaden, Würzburg. Abschluß: Diplom-Wirtschaftsingenieur (FH). Weitere Informationen: FFH, Telefon 01 80/5 23 52 10. Sonstige Fernstudiengänge an der Fernfachhochschule Hamburg: Betriebswirtschaft.

»Wirtschaftsingenieurwesen« an der FHTW Fachhochschule für Technik und Wirtschaft Berlin. Die FHTW kombiniert – genau wie die Fernfachhochschule Hamburg – Betriebswirtschaft mit Technik. Studienvoraussetzungen: Fachhochschulreife oder Realschulabschluß plus Berufsausbildung und mindestens vier Jahre Praxis beziehungsweise Abschluß als staatlich geprüfter Betriebswirt, Techniker, Meister. Studiendauer: mindestens zwölf Semester. Studienbeginn: Wintersemester. Studiengebühr: 660 Mark/Semester. Studienzentrum: Berlin. Abschluß: Diplom-Wirtschaftsingenieur (FH). Weitere Informationen: FHTW, Telefon 0 30/5019-22 13. Sonstige Fernstudiengänge an der Fachhochschule für Technik und Wirtschaft: nein.

Wirtschaftsübersetzung
»Wirtschaftsübersetzung« an der AKAD – Hochschule für Berufstätige. Der Studiengang vermittelt das sprachliche (Englisch und Französisch) und betriebswirtschaftliche Handwerkszeug zur Übernahme von verantwortlichen Aufgaben in internationalen Firmen sowie im Im- und Export. Studienvoraussetzungen: Fachhochschulreife oder Abitur plus wenigstens ein Jahr Berufspraxis beziehungsweise Bestehen der Hochschulaufnahmeprüfung, außerdem sehr gute englische und französische Sprachkenntnisse. Studiendauer: mindestens drei Jahre. Studienbeginn: jederzeit. Studiengebühr: 510 Mark/Monat. Studienzentrum: Leipzig. Abschluß: Diplom-Wirtschaftsübersetzer (FH). Weitere Informationen: AKAD, Telefon 0711/81495-222. Sonstige Fernstudiengänge an der AKAD: Betriebswirtschaft, Wirtschaftsinformatik.

Wirtschaftswissenschaften
»Wirtschaftswissenschaften« an der Fernuniversität Hagen/Westf. Im Grundstudium lernen Studenten an Deutschlands einziger Uni, die ausschließlich Fernstudien anbietet, auf wissenschaftlicher Basis ökonomische Probleme und Zusammenhänge kennen. Danach entscheiden sie sich vor dem Hauptstudium für den Schwerpunkt Betriebswirtschaft oder Volkswirtschaft. Studienvoraussetzungen: Fachhochschulreife beziehungsweise Bestehen einer Eignungsprüfung. Studiendauer: mindestens neun Semester. Studienbeginn: jederzeit. Studiengebühr: ab 350 Mark/Semester (abhängig von der Zahl der angeforderten Lernmaterialien). Studienzentren in allen größeren deutschen Städten. Abschluß: Diplom-Kaufmann, Diplom-Volkswirt. Weitere Informationen: Gesamthochschule, Fernuniversität Hagen/Westf., Telefon 02331/987-01. Sonstige Fernstudiengänge: Informatik, Elektrotechnik sowie ein breites Angebot in weiteren wissenschaftlichen Disziplinen.

Infobörsen für angehende Fernstudenten

Drei Institutionen geben Listen über das aktuelle Fernstudienangebot an Universitäten und Fachhochschulen heraus.

- Deutsches Institut für Fernstudienforschung, Internet www.diff.uni-tuebingen.de/forum/angebote
- Zentrum für Fernstudium und Weiterbildung an der Universität Hildesheim, Internet www.uni-hildesheim.de/zfw
- Zentralstelle für Fernstudien an Fachhochschulen, Telefon 02 61/9 15 38-0

Achtung: Die Erhebungsmethoden sind unterschiedlich. Deshalb sämtliche Übersichten anfordern.

Master of Business Administration (MBA): Karrierebeschleuniger für Managementnachwuchs

Mit der Ausbildung zum MBA sollen Nachwuchsführungskräfte das notwendige Handwerkszeug für eine Karriere im Topmanagement vermittelt bekommen. 200 000 angehende Manager trainieren deshalb weltweit – nach Studium und einigen Jahren Berufspraxis – an einer der häufig selbsternannten Kaderschmieden. Die Zahl der Absolventen hat sich in den letzten Jahren mehr als verdoppelt. Die Rate der Unternehmen, die hoffnungsvollen Nachwuchs auf ihre Kosten den begehrten Titel erwerben lassen, nimmt ebenso rasant zu. Allerdings müssen sich die Studenten dann oft verpflichten, nach dem Abschluß noch einige Jahre für den Arbeitgeber tätig zu bleiben.

In gleichem Maße wie das Interesse von Karrierehungrigen und Firmen an einer Ausbildung zum Master of Business Administration gestiegen ist, haben die Anbieter weltweit immer neue MBA-Programme aufgelegt. »In Deutschland genießen allerdings nur wenige der derzeit angebotenen Studiengänge einen mit der ausländischen Konkurrenz vergleichbaren Ruf. Die Ausbildungen hierzulande konzentrieren sich – auch wenn von internationalen Universitäten angeboten – stärker auf das Inland. Wer aber ein international anerkanntes MBA-Programm absolvieren will, sollte dies im Ausland tun«, empfiehlt die Kölner MBA-Expertin Birgit Giesen.

Mehr als 1500 mehr oder weniger karrierefördernde Alternativen gibt es derzeit weltweit. Allein 800 Schulen in den USA bieten die elitären Kurse an. Dort verlassen denn auch Jahr für Jahr rund 100 000 frischgebackene »MBAler« die Hörsäle.

Die Nachfrage nach derart Ausgebildeten ist bei Großunternehmen und vor allen Dingen Consultinghäusern groß, vorausgesetzt das Diplom stammt von einer der Topadressen in Europa (siehe Seite 144ff.) und vereinzelt auch aus den Vereinigten Staaten (siehe Seite 117f.). Das gilt für Wirtschaftswissenschaftler mit Zusatzdiplom und sogar noch mehr für Juristen, Ingenieure sowie Geistes- und Naturwissenschaftler, die ihre Ausbildung mit dem ein- bis zweijährigen Managementstudium veredelt haben. In mittelständischen Unternehmen hat sich der MBA-Abschluß allerdings bis heute nicht als Karrierebeschleuniger durchgesetzt. Zu theoretisch erscheint den Arbeitgebern dort das Studium, zuwenig teamorientiert arbeiten ihrer Meinung nach die Absolventen.

Das Studienprogramm

Die exklusive Weiterbildung soll die Studenten mit allen Bereichen des Managements vertraut machen und universelles Wissen vermitteln. Die Absolventen sind also anschließend in der Lage, weitgehend eigenverantwortlich in der Geschäftsleitung mitzuarbeiten. Finanzmanagement und Marketing gehören deshalb ebenso zum Lernstoff wie Projektmanagement und Technologietransfer. Der ausführlichen Bearbeitung von realen Fallbeispielen, »Case Studies«, widmen die Professoren besonders viel Zeit. Zusätzlich stehen traditionelle Seminare, aber auch Computersimulationen und Rollenspiele auf dem Unterrichtsprogramm.

Weiterer Vorteil der MBA-Ausbildung: Nach dem harten Studium gehen die MBA der renommierten Akademien nicht für immer auseinander. Eng geknüpfte Netzwerke gewährleisten noch Jahrzehnte danach gute Kontakte zwischen den Ehemaligen, »Alumnis« genannt. Man trifft sich regelmäßig und so bahnen sich oft genug interessante, karrierefördernde Freundschaften an. Das Adressenverzeichnis der Alumnis gilt Headhuntern zudem als beliebtes Hilfsmittel, Kandidaten für hochdotierte Posten auszumachen.

Zulassungsvoraussetzungen

Die Anforderungen an zukünftige MBA-Studenten sind hoch. Ohne Hochschulabschluß und etwa zwei Jahren Berufspraxis braucht sich keiner um den Studienplatz auf einem internationalen Campus zu bemühen. Außerdem sollten die Interessenten für das Elitestudium zwischen 23 und 35 Jahre alt sein. Fließendes Englisch in Wort und Schrift und recht gute Kenntnisse einer anderen Fremdsprache gehören dazu.

Wer diese Anforderungen erfüllt, hat es immer noch nicht geschafft. Meist gehen der endgültigen Zulassung intensive Auswahlinterviews voraus. Darüber hinaus gilt es, bei den meisten Managerakademien zwei Tests – TOEFL und GMAT – zu bestehen, bevor das Zulassungskomitee der Aufnahme endgültig zustimmt.

TOEFL

Fast alle Business Schools in Europa und den Vereinigten Staaten fordern von ihren angehenden Studenten, deren Muttersprache nicht Englisch ist, das Bestehen des TOEFL (Test of English as a Foreign Language). Er dauert etwa drei Stunden.

Durchschnittliche Sprachkenntnisse reichen für das Bestehen der Prüfung nicht aus. Wer glaubt, mit mittelmäßigem Schulenglisch die Hürde nehmen zu können, liegt falsch. Sprech- und Schreibpraxis werden jedoch nicht kontrolliert. Es gilt statt dessen, gesprochenes nordamerikanisches Englisch zu verstehen, die Vertrautheit mit der Sprachstruktur sowie Vokabular und Lesevermögen unter Beweis zu stellen. Die Antworten auf die rund 150 Fragen erfolgen nach dem Multiple-Choice-Verfahren.

Bei der Vorbereitung auf den TOEFL helfen zum Beispiel verschiedene Volkshochschulen mit Spezialkursen. Außerdem gibt es in gut sortierten Buchhandlungen entsprechende Fachliteratur. Die Tests werden zu einheitlichen Terminen an mehreren Orten durchgeführt. Kostenloses Material und Anmeldeunterlagen versendet der Test-Veranstalter, Telefon 00 31 85/ 52 14 27. Interessenten sollten ihre Anmeldung rund zwei Monate vor dem Testtermin an das Organisationsbüro schicken.

GMAT

Ein großer Teil der internationalen Business Schools verlangt von den Bewerbern, neben dem Bestehen des TOEFL, das erfolgreiche Abschneiden beim GMAT (Graduate Management Admission Test). In dieser etwa vierstündigen Prüfung müssen die Probanden ihr mathematisch-logisches Verständnis demonstrieren und außerdem Allgemeinwissen und verbale Fähigkeiten nachweisen.

Voraussetzung für den Erfolg beim GMAT sind, genau wie beim Test of English as a Foreign Language, profunde Englischkenntnisse und obendrein analytisches Denkvermögen. Volks- oder betriebswirtschaftliches Wissen brauchen die Prüflinge nicht mitzubringen.

Der Test besteht aus zwei gleichwertigen Teilen, dem verbalen Komplex und dem sogenannten qualitativen Teil. Hilfen beim Antworten auf die Multiple-Choice-Fragen gibt es ausschließlich in Englisch. Vorbereitungslektüre für den GMAT-Test verkaufen größere Buchhandlungen. Detailliertere Informationen und Termine für die nächsten Prüfungstermine: GMAT-Testinstitut, Telefon 00 16 09/7 71 73 30.

Erfolgstips von GMAT-Absolventen

- Beantworten Sie zunächst Fragen, die Ihnen einfacher erscheinen.
- Arbeiten Sie zu Beginn der einzelnen Fragenkomplexe besonders flott. Der Schwierigkeitsgrad der Aufgaben nimmt im Verlauf der Prüfung zu.
- Lesen Sie die Testanweisungen sorgfältig durch, und hören Sie sich die Hinweise der Tester genau an. Für falsche Antworten gibt es nämlich Minuspunkte. Außerdem beweist die Statistik: Ein großer Prozentsatz der Durchgefallenen hat aus Unachtsamtkeit wichtige Mitteilungen nicht wahrgenommen.

Studiengebühren

Die Ausbildung zum zukünftigen Topmanager kostet viel Geld. So müssen Studenten oder ihre Arbeitgeber für den Besuch einer europäischen Business School und den Aufenthalt vor Ort mindestens 60 000 bis 70 000 Mark einkalkulieren, häufig sogar mehr. Die Ausbildung in den Vereinigten Staaten kostet etwa ebensoviel. Reichen eigene Ersparnisse oder die

Zahlungsbereitschaft der Unternehmen nicht aus, springen hin und wieder auch Kreditinstitute ein und helfen bei der Finanzierung mit einem zinsgünstigen Kredit.

Auswahlhilfe

Bei der Suche nach einer MBA-Schmiede ist höchste Vorsicht geboten. Einige hundert europäische und noch viel mehr amerikanische Ausbilder bieten ihre Dienste an – mit höchst unterschiedlicher Qualität. Vor der endgültigen Entscheidung sollten Aspiranten auf einen Studienplatz deshalb unbedingt die folgenden Fragen beantworten:

- Welchen Ruf genießt die Schule? Immer häufiger versuchen völlig unbekannte Ausbilder von der steigenden Attraktivität des MBA-Diploms zu profitieren und werben für einen Lehrgang, der bei Unternehmen völlig unbekannt ist.
- Ist die Internationalität der Ausbildung gesichert? Kommen Studenten und Dozenten aus möglichst vielen unterschiedlichen Ländern? Ein MBA-Diplom einer deutschen Schule oder per Fernstudium bringt nur sehr wenig.
- Besitzt die Akademie ein »Network«? Diese Ehemaligenvereinigungen haben schon vielen beim Start internationaler Karrieren geholfen.
- Welche großen Unternehmen arbeiten eng mit der Schule zusammen? Je bekannter die Firmennamen, desto attraktiver das Image der Ausbildung.
- Ist der Titel der Schule in Deutschland überhaupt anerkannt? Wer unbedingt sein MBA-Diplom in seiner Heimat erwerben will oder muß, kann schnell Probleme bekommen. Besonders Absolventen eines Fernlehrgangs müssen sich darauf gefaßt machen, daß ihnen kein Personalchef für diesen Titel auch nur eine Mark mehr zahlt.

Die besten MBA-Schmieden in Europa

Sie wissen es ja schon: Längst nicht jedes MBA-Studium verleiht der Karriere die gewünschte Schubkraft. Nur Institute, die ihren Studenten auf dem Hochschulcampus den Kontakt zu Kommilitonen aus möglichst vielen Nationen ermöglichen, versprechen Erfolg. Genauso interessant ist natürlich auch der gute Ruf der Ausbildung. Vorsicht gegenüber Akademien, die mit besonders günstigen Preisen werben. Bei einem Zusatzstudium zum Master of Business Administration zählt ausschließlich die Qualität der Ausbildung und das Renommee der Schule. Die hohen Studiengebühren machen sich dann fast automatisch bezahlt – mit einem kräftigen Karrieresprung und einem entsprechend höheren Gehalt.

Im Lauf der Jahre haben sich für europäische und US-MBA-Akademien Rangordnungen gebildet. Hier die Topadressen in Europa:

INSEAD. Die renommierteste und größte Managerakademie Europas liegt in der Nähe von Paris, in Fontainebleau. Das Institut Européen d'Administration des Affaires gilt seit Jahren als die Ausbildungsstätte mit der internationalsten Fakultät und der größten Anzahl an Studenten aus den unterschiedlichsten Ländern. Dabei achten die Ausbilder während des Studiums besonders auf die unterschiedliche Zusammensetzung der Lernteams. Während des Intensivkurses werden die Arbeitsgruppen mehrfach neu zusammengestellt. Deren Mitglieder sollen sich dann durch die gemeinsame Lösung von Case Studies für das General Management fitmachen.

Das ausgezeichnete Image der französischen Kaderschmiede spiegelt sich auch in den hohen Bewerberzahlen wider. Deshalb sollten sich Interessenten schon ein Jahr vor Ausbildungsbeginn (Januar und September) an das Zulassungsbüro wenden. Der immense Andrang ist nicht verwunderlich. Nach einer aktuellen Erhebung des INSEAD verdienen deutsche Absolventen nach dem Lehrgang im Durchschnitt weit über 100 000 Mark im Jahr.

Weitere Informationen und Anmeldung: INSEAD, Boulevard de Constance, F-77305 Fontainebleau Cedex, Telefon 0 03 31/60 72 40 00.

IMD. Das International Institute for Management Development entstand 1990 aus der Kooperation der beiden international anerkannten Business Schools IMEDE und IMI im schweizerischen Lausanne. Auch dort steht das Lernen in multinationalen Teams im Vordergrund. Um diese Zusammenarbeit noch zu vertiefen und durch das Zusammenleben weiter zu fördern, wohnen die angehenden MBA während der ersten Zeit der Ausbildung in einem gemeinsamen Hotel.

Das Studium beginnt jeweils im Januar und endet um Weihnachten. Bewerber sollten sich mindestens ein halbes Jahr vor dem gewünschten Starttermin um einen Platz in der Schule am Genfer See bemühen.

Weitere Informationen und Anmeldung: IMD, 23, Chemin de Bellerive, CH-1001 Lausanne, Telefon 00 41-21/6 18 02 98.

LBS. Die London Business School wurde 1965 gegründet und liegt mitten im Zentrum der englischen Metropole, im Regent's Park. Sie zählt heute zu den hochkarätigsten Adressen für potentielle General Manager – in erster Linie aus der Finanzwirtschaft.

Neben der Vermittlung aktuellen Management-Know-hows beschäftigt sich ein großer Teil der Fakultät mit der Forschung. Auf diese Weise bietet sich den Studenten die interessante Möglichkeit, Theorie und Praxis miteinander zu verknüpfen. Allerdings steht die Praxisorientierung der zukünftigen Master of Business Administration deutlich im Vordergrund der Ausbildung.

Das MBA-Studium an der LBS beginnt im Herbst. Anmeldungen möglichst Anfang des Jahres, in dem die Ausbildung beginnen soll.

Weitere Informationen und Anmeldung: LBS, Sussex Place, Regent's Park, GB-London NW1 4SA, Telefon 00 44-1 71/2 62 50 50.

SDA-Bocconi. Die Schule Direzione Aziendale Dell'Università Luigi Bocconi in der italienischen Industriehochburg Mailand bietet seit mehr als 20 Jahren ein MBA-Studium an. Auch in Mailand nimmt die Bearbeitung von Fallstudien natürlich breiten Raum ein. Zusätzlich trainieren die Studenten ihre Managementfähigkeiten intensiv bei der Lösung von praktischen Aufgaben in Unternehmen vor Ort. Traditionelle Lernmethoden wie der Besuch von Vorlesungen und die Teilnahme an Planspielen stehen ebenfalls auf dem Stundenplan.

Die Ausbildung beginnt im September.

Weitere Informationen und Anmeldung: SDA-Bocconi, Via Batilla 16, I-20136 Mailand, Telefon 00 39-2/58 36 32 86.

IESE. Seitdem Spanien zur EU gehört und das Land einen wirtschaftlichen Aufschwung erlebt, hat auch die spanische Managementausbildung an Qualität und Ruf gewonnen. So gehört auch das Instituto de Estudios Superiores de la Empresa in Barcelona zu den ersten Adressen für potentielle MBA.

Das IESE bietet seinen Studenten, ebenso wie einige andere europäische Business Schools, zwei verschiedene Programme an – in spanisch oder in englisch. Hier sollten sich Bewerber allerdings möglichst für die internationale, englische Variante entscheiden, es sei denn, sie benötigen unbedingt Kenntnisse im spanischen Markt.

Das Institut legt großen Wert darauf, seinen Studenten, neben dem Handwerkszeug für das General Management, die ethisch-christliche Sicht des Lebens deutlich zu machen.

Die Ausbildung beginnt im September. Anmeldungen am besten ein halbes Jahr vor dem Starttermin.

Weitere Informationen und Anmeldung: IESE, Avenida Pearson 21, E-08034 Barcelona, Telefon 00 34-3/2 05 42 88.

RSM. Die Rotterdam School of Management in der niederländischen Hafenstadt läßt erst seit einigen Jahren Teilnehmer aus anderen Ländern zu ihrem MBA-Programm zu. Trotzdem hat sich die Ausbildung schon in dieser Zeit europaweit einen guten Ruf verschafft. Auch die RSM bietet eine niederländische und eine englischsprachige MBA-Ausbildung. Hier gilt, genau wie für die IESE: Die englische Variante ist zu empfehlen, weil die niederländische Ausbildung in anderen Ländern ziemlich wenig hilft.

Die Ausbildung beginnt im September. Anmeldungen bis spätestens Mai.

Weitere Informationen und Anmeldung: RSM, Oudlaan 50, NL-3000 DR Rotterdam, Telefon 00 33-10/4 08 22 22.

Die besten MBA-Schmieden in den Vereinigten Staaten

In den USA gehört der MBA-Titel schon seit Jahren zum wichtigen Karrierebaustein des ambitionierten Managementnachwuchses. Rund 800 verschiedene Anbieter von der weltweit anerkannten Tophochschule bis hin zur unbedeutenden Privatschule bemühen sich dort um zahlungskräftige Kundschaft und hoffnungsvolle Talente aus den Unternehmen. Das hat auch in Amerika dazu geführt, daß Arbeitgeber nur Absolventen der anerkannten Institute für Spitzenpositionen aufbauen. Wer den Titel woanders erworben hat, braucht erst gar nicht mit einem Karriereschub zu rechnen. Für ihn wird sich kaum eine renommierte Firma interessieren.

Meist dauert das Studium zum Master of Business Administration in den USA zwei Jahre. Die US-Professoren setzen bei ihren Studenten allerdings längst nicht so große Praxiserfahrung voraus wie ihre europäischen Kollegen.

Achtung: Wer die MBA-Ausbildung in den Vereinigten Staaten absolviert hat, genießt in Europa oft kein allzu hohes Ansehen. Firmen in dieser Region schätzen die Wissensvermittlung in heimischen Akademien deutlich höher. Wer allerdings als Abgesandter der deutschen Niederlassung eines amerikanischen Unternehmens jenseits des Atlantiks die höheren Weihen des Managements erwerben will, ist bei den US-Schulen an der richtigen Adresse. Vorausgesetzt natürlich, das Institut verfügt über das erforderliche hohe Ansehen.

Jahrelang galt die Harvard University (Graduate School of Business Adminstration, Soldiers Field, Boston, Massachusetts 02139) als das Mekka für Karrierebewußte aus aller Welt. Seit einiger Zeit haben sich auch andere Universitäten entsprechend qualifiziert. Wer mit den folgenden Hochschulen Kontakt aufnimmt, braucht sich nicht vor einem Karriereflop zu fürchten. Sie gehören zu den besten. Beachten Sie bitte, daß die folgende Übersicht keine Rangliste darstellt.

- University of California/Berkeley, Graduate School of Business Administration, 350 Barrows Hall, Berkeley, California 94720.
- Stanford University, Graduate School of Business Administration, Stanford, California 94305-5015.
- Massachusetts Institute of Technology (MIT), Sloan School of Management, 50 Memorial Drive, Cambridge, Massachusetts 02139.
- Columbia University, Graduate School of Business, 105 Uris Hall, New York, New York 10027.

- Dartmouth College, The Amos Tuck School of Business Administration, Hanover, New Hampshire 03755.

Crashkurse an internationalen Business Schools: Know-how für die Globalisierung

Deutsche Manager genießen weltweit einen ausgezeichneten Ruf. Das anzustrebende Know-how, um dieses hohe Ansehen weiter zu erhalten, zwingt sie jedoch sehr häufig dazu, Seminare an Kaderschmieden im Ausland zu buchen.

Dabei entscheiden sich Führungskräfte und ihre Arbeitgeber noch nicht einmal wegen der außergewöhnlichen Lehrgangsqualität für das Training in einem anderen Land. Internationales Ambiente in den Arbeitsgruppen, intensives, streng praxisorientiertes Lernen mit Hilfe von aktuellen, realen Fallstudien, unterschiedliche Denkweisen und Lösungsansätze machen solche Seminare zu nachhaltigen Erfolgserlebnissen.

Kein Wunder, daß gerade international orientierte Großunternehmen und Konzerne talentierten Nachwuchs und Führungskräfte zur »Veredelung« ihrer Fähigkeiten an die europäischen Spitzeninstitute schicken. Doch immer noch viel zuwenige haben diese Art der Talentförderung erkannt. Deutsche Teilnehmer sind in den Hörsälen der Business Schools immer noch rar.

Dieses Defizit können Engagierte bestens für sich und ihre Karrierepläne nutzen: Wer beim Gespräch mit Personalchef oder Vorgesetztem auf den Besuch von einem oder sogar mehrerer solcher Veranstaltungen hinweisen kann, erntet Pluspunkte. Zeigt er doch überdurchschnittliches Interesse für das internationale Management – ein Vorteil, mit dem nur sehr wenige für sich werben können.

Allerdings verleiht nicht gleich jedes Seminar an einer ausländischen Akademie der Karriere Schubkraft. Bei der Auswahl ist deshalb höchste Sorgfalt geboten. Und selbst die besten Managementschulen können Unerfahrene und wenig Engagierte nicht zu Höchstleistungen trimmen. Deshalb verlangen die Lehrer von den Schülern mindestens ein paar Jahre Berufspraxis. Ausgezeichnetes Englisch in Wort und Schrift gilt außerdem als ein »Muß«. Wer diese Qualifikationen erfüllt, ist trotzdem immer noch nicht am Ziel seiner Wünsche. Solche Seminare sind Knochenarbeit. Der Unterricht beginnt früh am Morgen und die notwendigen Hausaufgaben sind meist erst gegen Mitternacht erledigt. Der Aufwand lohnt sich aber allemal.

Achtung: Die Preise für diese Topveranstaltungen sind hoch. Deshalb können oder müssen die Wenigsten die Teilnahme aus eigener Tasche bezahlen. Interessenten sollten deshalb erst einmal mit dem Weiterbildungsbeauftragten ihres Arbeitgebers sprechen. Vielleicht hilft er bei der Finanzierung oder übernimmt sogar die gesamte Rechnung.

Erste Adressen

INSEAD (Institut Européen d'Administration des Affaires)

Das INSEAD (siehe auch Seite 114) im französischen Fontainebleau hat sich in der Vergangenheit zur bekanntesten europäischen Kaderschmiede für Manager und alle, die es möglichst bald werden wollen, entwickelt. Gegenüber der Konkurrenz der US-Business-Schools konnte das Institut ebenfalls problemlos bestehen. Keine andere Akademie auf der Welt unterrichtet Teilnehmer aus derart vielen Nationen wie das INSEAD. Auch die Fakultät setzt sich aus Professoren der unterschiedlichsten Länder zusammen.

Das INSEAD-Programm: Seminare aus den Bereichen General Management, Strategie, Marketing, Technologie, Management, Finanzierung und so fort. Die für gewöhnlich mindestens einwöchigen Kurse werden meist von den Mitgliedern der hochkarätigen INSEAD-Fakultät geleitet.

Zu den Highlights gehören unter anderem:
- Advanced Management Programme für Führungskräfte, die schon seit einigen Jahren ihre leitenden Positionen innehaben;
- Executive Programme als Vorbereitung für den Einstieg in das Management;
- Young Managers Programme für Nachwuchs mit einigen Jahren Praxis.

IMD (International Management Development Institute)
Anfang 1990 schlossen sich die renommierten Schweizer Business Schools IMI und IMEDE zum IMD in Lausanne (siehe Seite 115) zusammen. Mit dieser Fusion wollten die beiden Schulen eine überzeugende Alternative zum Angebot des französischen INSEAD in Fontainebleau bei Paris bieten. Das ist den beiden Akademien zum großen Maße gelungen. Das IMD gehört inzwischen zur Crème der europäischen Weiterbildungsszene. Führungskräfte aller Hierarchie-Ebenen – vom Topmanager bis zum hoffnungsvollen Nachwuchs – treffen sich in den Hörsälen am Genfer See.

Das IMD-Programm bietet General Management, Finanzwesen, Menschenführung, Fertigung, Technik sowie Spezialschulungen für leitende Mitarbeiter von Familienunternehmen und Strategien für die Eroberung internationaler Märkte. Die Lehrgänge dauern wenige Tage bis mehrere Wochen.

Zu den IMD-Highlights gehören unter anderem:
- Programme for Executive Development für Förderungswürdige aus dem Mittelstand;

- International Executive Programme für leitende Angestellte aus internationalen Unternehmen;
- Seminar for Senior Executives für erfahrene Manager, die ihr strategisches Denken verbessern und Führungskompetenz optimieren wollen.

LBS (London Business School)

Die LBS (siehe Seite 115) trainiert seit Jahrzehnten in erster Linie Bankmanager, Unternehmensberater und Führungskräfte.

Das LBS-Programm umfaßt Schulungen im gesamten Finanzierungsbereich sowie Spezialseminare für alle Unternehmensbereiche.

LBS-Highlights sind unter anderem:
- London Sloan Fellowship Programme zum Training der Managementfähigkeiten angehender Vorgesetzter;
- Accelerated Development Programme für Nachwuchsmanager mit einigen Jahren Berufserfahrung zur Vorbereitung auf die Übernahme von General Managementpositionen.

MCE (Management Centre Europe)

Das MCE in Brüssel hat sich seit rund 40 Jahren auf die Schulung von europäischen Führungskräften spezialisiert. Jedes Jahr besuchen Tausende von Teilnehmern die üblicherweise ein- bis zweitägigen Seminare und Kongresse. Wie bei den meisten anderen ausländischen Akademien auch, erscheinen immer noch viel zuwenig deutsche Manager auf den Anmeldungslisten. Sie verzichten damit auf die gute Gelegenheit internationale Kontakte zu knüpfen und von den Erfahrungen der Gäste aus unterschiedlichen Ländern zu profitieren.

Genau wie die Teilnehmer kommen die Referenten aus verschiedensten Nationen.

Das MCE-Programm bietet Seminare zu den neuesten wirtschaftlichen und wirtschaftspolitischen Entwicklungen sowie internationale Konferenzen zu diesen Themenbereichen.

Zu den MCE-Highlights zählen unter anderem:
- Top-Management-Forum;
- branchenspezifische Kurse, zum Beispiel für Pharmazie, Chemie.

Weitere Informationen und Anmeldung: MCE, Rue l'aquiduc 118, B-1050 Brüssel, Telefon 00 32-2-5 43 21 00.

Managementliteratur: Manche Bücher ersparen teure Seminarbesuche

Vor nicht allzulanger Zeit verstaubten die Lehrbücher der großen Betriebswirtschaftsprofessoren häufig in den Regalen der Buchhandlungen. Teils zu recht, denn die Wissenschaftler konzentrierten sich ausschließlich auf die Vermittlung blanker Theorie. Mit der Umsetzbarkeit des Lesestoffs am Arbeitsplatz war es oft nicht weit her. Inzwischen gehört Managementliteratur zu den Verkaufsrennern vieler Verlage. Warum? Die meisten Buchhersteller haben umgeschwenkt – von schwer erfaßbaren Themen auf leicht verständliche Bücher aus den Federn erfolgreicher Manager oder zumindest deren Ghostwriter.

Natürlich hält nicht jedes neue Werk, was die Werbung verspricht oder reißerische Titel vermuten lassen. Denn seitdem das Geschäft mit der Karriereliteratur immer besser wird, erwacht selbst in mittelmäßigen Managementtrainern der Ehrgeiz, ihre mehr oder weniger karrierefördernden Weisheiten zu Papier zu bringen. Bei international erfolgreichen Unternehmenslenkern gehört es mittlerweile schon zum Pflichtprogramm, als Buchautor für Aufsehen zu sorgen. Selbstverständlich hat sich bereits Bill Gates zu Worte gemeldet und selbst der vor Jahren bei Volkswagen nicht gerade in Ehren entlassene Daniel Goeudevert sorgt mit immer neuen Titeln für gute Umsätze. Die genaue Zahl der Veröffentlichungen über richtiges Verkaufen oder moderne Führungsstrategien kennt ohnehin niemand mehr.

Wer vor dem Kauf eines vermeintlichen Karrierehelfers allzurasch zugreift, wird sich denn auch vermutlich schon bald über die Geldausgabe ärgern. Die natürliche Folge: Das neue Buch landet ungelesen im Regal oder sogar im Papierkorb. Nehmen Sie sich also Zeit, und vertrauen Sie nicht auf die verlockenden Werbeaussagen auf den Umschlagseiten. Blättern Sie die Werke in Ruhe durch, und entscheiden Sie sich erst dann.

Einkaufstips

Einkaufen per PC

- Nutzen Sie das Internet. Dort finden Sie zum Beispiel unter den Adressen www.amazon.de oder www.buecher.de Versandbuchhandlungen und ihr riesiges Angebot aus allen Literatursparten. Über ein Suchwort läßt sich das gewünschte Fachgebiet anklicken und eine umfangreiche Liste abrufen. Einige Online-Buchanbieter haben für ihr Sortiment Kurzbeschreibungen formuliert, teilweise sogar Rezensionen. Wer möchte, kann gleich bestellen.

Einkaufen auf klassische Art

- Prüfen Sie Inhaltsverzeichnis und Vorwort. Manche Titel versprechen eine umfassende und vollständige Darstellung, bieten in Wahrheit aber nur Teilstücke.
- Testen Sie im Literaturverzeichnis, wann das neueste vom Autor zitierte Werk erschienen ist. Das schützt vor dem Kauf von »alten Hüten«.

- Schauen Sie im Impressum nach, ob das Buch eine deutsche Originalausgabe oder eine Übersetzung ist. Was im Ausland gilt, muß nicht unbedingt auf Deutschland übertragbar sein.

Übrigens: Wer sich hin und wieder einen Überblick über den aktuellen Markt für Managementliteratur verschafft, kann beim Gespräch mit seinem Vorgesetzten Pluspunkte sammeln. Allerdings sollten Sie ein Buch, über das Sie mit Ihrem Chef reden wollen, zumindest zum großen Teil gelesen haben. Besonders Gewitzte testen ihre Mitarbeiter gerne und fragen nach Details aus dem Inhalt. Peinlich, wenn man Sie dann bei einer Schwindelei ertappt.

Bildungsurlaub: pauken auf Kosten des Arbeitgebers

Weiterbildungseifer schätzen Chefs bei ihren Mitarbeitern sehr. Geht es jedoch darum, die Damen und Herren für einen Seminarbesuch von der Arbeit freizustellen, überkommt viele Unternehmen die Sparwut. Wer in Brandenburg, Berlin, Bremen, Hamburg, Hessen, Niedersachsen, Nordrhein-Westfalen, Rheinland-Pfalz, Saarland oder Schleswig-Holstein arbeitet, braucht seine Bildungspläne jedoch nicht aufzugeben. In diesen Ländern gibt es den gesetzlichen Anspruch auf Bildungsurlaub.

Vorteil für die betroffenen Arbeitnehmer: Sie dürfen in regelmäßigen Abständen einige Tage vom Arbeitsplatz fernbleiben. Außerdem muß der Arbeitgeber ihnen während dieser Zeit den normalen Arbeitslohn bezahlen.

Die Vorschriften für solche Wohltaten sind jedoch höchst unterschiedlich. Immer wieder streiten deshalb Betriebsleitung beziehungsweise Personalchefs und Mitarbeiter über Inhalt, Zeitaufwand und Bezahlung der Bildungsprogramme. Denn in vielen Regionen ist nicht nur Bildungsurlaub zur beruflichen Weiterbildung gestattet. Politische und kulturelle Seminare sind häufig genauso möglich wie allgemeinbildende Kurse. Verständlich, daß die Chefs ihr Personal am liebsten nur zu mehrtägigen Fitneßtrainings für den Einsatz am Arbeitsplatz beurlauben wollen. Gewerkschaften dagegen fordern – mit unterschiedlichem Erfolg – Bildungsurlaub vom Ikebana- über den Sprachkurs bis hin zu politischer Bildung und Seidenmalerei.

Damit es erst gar nicht zum Streit mit dem Unternehmen kommt, sollten sich Interessenten bei den Seminaranbietern erkundigen, ob der Unterricht mit den Bildungsurlaubsregelungen des entsprechenden Bundeslands konform geht.

Es lohnt sich auf jeden Fall zu prüfen, welche Möglichkeiten das arbeitnehmerfreundliche Gesetz bietet. Die Palette der Angebote ist überraschend groß.

Die wichtigsten Regelungen in den Bundesländern

Bildungsurlaub dauert in fast allen Bundesländern maximal fünf Tage pro Jahr – Ausnahme Berlin. Dort dürfen sich Auszubildende und Arbeitnehmer bis zur Vollendung des 25. Lebensjahres jährlich zehn Arbeitstage in bezahlter Freizeit weiterbilden. Bundeshauptstädter, die das 25. Lebensjahr überschritten haben, müssen allerdings wie in Brandenburg, Bremen, Hamburg und Rheinland-Pfalz mit zehn Arbeitstagen innerhalb von zwei Jahren auskommen.

Normalerweise dürfen alle Arbeitnehmer und Auszubildende Bildungsurlaub einreichen – bis auf Nordrhein-Westfalen. Das bevölkerungsreichste Bundesland schließt alle, die sich in der Ausbildung befinden, von dem Gesetz aus. Eine Einschränkung gibt es auch für »Lehrlinge« in Berlin, Hessen und Rheinland-Pfalz. Diese Länder erlauben Jugendlichen nur, während des Bildungsurlaubs an politischen, nicht an beruflichen Seminaren teilzunehmen. In den übrigen Regionen mit einem Bildungsurlaubsgesetz dürfen die Weiterbildungsbeflissenen berufliche und politische Kurse buchen. In Brandenburg ist sogar zusätzlich der Besuch von kulturellen Veranstaltungen erlaubt. Bremen und Schleswig-Holstein geben sich mit ihren Regelungen noch arbeitnehmerfreundlicher und gestatten auch die Teilnahme an allgemeinen Weiterbildungsmaßnahmen.

Wer ein Jahr lang auf seinen fünftägigen Bildungsurlaub verzichten will oder muß, kann seinen Anspruch von zwei Jahren zu zehntägigen »Lernferien« addieren. Das Saarland zeigt sich allerdings nicht so großzügig. Hier verfällt das Anrecht mit dem Ablauf eines Kalenderjahrs.

Geldquellen: Wie der Staat Weiterbildung fördert

Trotz ziemlich leerer Kassen unterstützt der Staat weit häufiger die Interessen Bildungshungriger als viele denken. Arbeitsämter beteiligen sich öfter an Lehrgangskosten oder übernehmen sogar die gesamten Gebühren. Das Finanzamt erlaubt in vielen Fällen, die Ausgaben für Kurse und Fachliteratur von der Steuer abzusetzen. Außerdem gibt es für angehende Meister sowie Soldaten und Zivildienstleistende recht stattliche Zuschüsse. Nachfragen kann sich also lohnen.

Geld vom Arbeitsamt

Anfang 1998 hat die Bundesregierung das fast 30jährige Arbeitsförderungsgesetz, kurz AFG, abgelöst. Wichtigste Neuerung: Die Arbeitsämter können jetzt sehr viel individueller entscheiden, wie sie in Einzelfällen Weiterbildung fördern wollen.

Dabei konzentrieren sich die Ämter auf

- die Weiterbildung bei drohender beziehungsweise bestehender Arbeitslosigkeit oder wenn ein Berufsabschluß fehlt;
- die Förderung von Weiterbildungsveranstaltungen, die für die Weiterbildungsförderung anerkannt sind (Arbeitsamt rechtzeitig fragen!);
- Arbeitnehmer, die sich vor Beginn der Schulung haben beraten lassen und deren Wunsch vom Arbeitsamt zugestimmt wurde;
- Antragsteller, die notwendige Vorbeschäftigungszeiten (Arbeitsamt fragen!) erfüllen.

Achtung: Eine Verpflichtung der staatlichen Arbeitsvermittler, sich an Weiterbildungskosten zu beteiligen, besteht nicht. Hat die Behörde allerdings zugestimmt, haben Antragsteller die Chance auf anteilige oder komplette Übernahme der

- Lehrgangskosten;
- Fahrtkosten;
- Kosten für auswärtige Unterbringung am Lehrgangsort;
- Kosten für Kinderbetreuung.

Wie hoch die Unterstützung ausfällt, erfahren die Interessenten beim Arbeitsamt.

Wichtig: Wer seine Berufstätigkeit wegen Kindererziehung unterbrochen hat, kann Unterhaltsgeld beantragen und an Weiterbildungsveranstaltungen teilnehmen. Voraussetzung: Er oder sie war mindestens ein Jahr sozialversicherungspflichtig.

Geld vom Finanzamt

Wer sich mit einem Lehrgang um die Weiterbildung in seinem ausgeübten Beruf bemüht, darf den gesamten Eigenanteil für die zusätzliche Ausbildung als Werbungskosten von der Steuer absetzen. Will sich ein Karrierebeflissener jedoch auf einen derzeit nicht ausgeübten Beruf vorbereiten, gelten die Kosten als Sonderausgaben. Der Höchstbetrag für diese Aufwendungen lag 1999 bei 900 Mark pro Jahr. Bei auswärtiger Unterbringung galten 1200 Mark im Jahr als Höchstgrenze.

Geld für angehende Meister – »Meister-BAföG«

Fachkräfte, die sich auf den Meister, Techniker oder einen ähnlichen Fortbildungsabschluß vorbereiten, haben seit 1996 gesetzlichen Anspruch auf finanzielle Unterstützung. Das sogenannte Meister-BAföG fördert den Besuch von Vollzeitkursen mit einkommens-, vermögens- und familienabhängigen staatlichen Zuschüssen sowie zinsgünstigen Darlehen. Für Teilzeitlehrgänge gibt es ausschließlich Darlehen.

1999 erhielten alleinstehende Teilnehmer an einer Vollzeitausbildung einen Zuschuß von maximal 1045 Mark monatlich (373 Mark als nicht rückzahlbarer Zuschuß und 672 Mark als Darlehen). Für Verheiratete lag die Summe um 420 Mark pro Monat plus Kinderzuschlag von 250 Mark für jedes Kind monatlich höher.

Während der Fortbildung übernehmen Bund und Länder die Zinszahlungen. Anschließend müssen die jungen Meister die Fördergelder innerhalb von zehn Jahren zurückzahlen. Die Verzinsung liegt dann deutlich unter dem Marktzins. Ausnahme: Darlehensnehmer, die nach bestandener Prüfung innerhalb von zwei Jahren ein Unternehmen gründen oder übernehmen, können einen Antrag auf Reduzierung des Darlehens stellen.

Voraussetzung für die staatliche Förderung ist eine abgeschlossene Berufsausbildung beziehungsweise eine langjährige Berufstätigkeit in einem Bereich. Außerdem verlangen die öffentlichen Geldgeber den Nachweis, daß der angestrebte Abschluß über dem Niveau einer Gesellen-, Facharbeiter- oder Gehilfenprüfung liegt. Auch für die Dauer des Unterrichts gibt es Vorschriften: Er muß mindestens 400 Stunden zu je 45 Minuten umfassen und nach zwei (Vollzeitvariante) beziehungsweise vier Jahren (Teilzeitvariante) abgeschlossen sein.

Genaue Informationen und Anträge für das Meister-BAföG gibt es in:

- Baden-Württemberg, Bayern, Berlin, Brandenburg, Mecklenburg-Vorpommern, Rheinland-Pfalz, Saarland und Sachsen-Anhalt im kommunalen Amt für Ausbildungsförderung beim jeweiligen Kreis beziehungsweise der kreisfreien Stadt;
- Bremen beim Senator für Arbeit;
- Hamburg bei Handwerkskammer beziehungsweise Handelskammer;
- Hessen beim Amt für Ausbildungsförderung des zuständigen Studentenwerks;
- Niedersachsen beim Niedersächsischen Landesverwaltungsamt in Hannover;
- Nordrhein-Westfalen beim Landesamt für Ausbildungsförderung in Aachen;
- Sachsen bei Industrie- und Handelskammern beziehungsweise Handwerkskammern in Chemnitz, Dresden und Leipzig oder dem Sächsischen Landesamt für Ausbildungsförderung in Chemnitz;
- Schleswig-Holstein bei der Investitionsbank des Landes Schleswig-Holstein;
- Thüringen beim Thüringer Landesverwaltungsamt in Weimar.

Geld für Soldaten und Zivildienstleistende

Grundwehrdienstleistende, Zeitsoldaten sowie »Zivis« können ebenfalls staatliche Fördergelder beantragen. Nähere Auskünfte gibt es beim Berufsförderungsdienst der Bundeswehr an den jeweiligen Standorten und beim Bundesamt für Zivildienst (Sibille-Hartmann-Straße 2-8, 50969 Köln, Telefon 02 21/36 73-0).

Spezialprogramme für besonders Engagierte

Die Pflicht, sich ständig weiterzubilden, gilt längst nicht nur für besonders Karrierebeflissene. Schon wer seinen Arbeitsplatz sichern und nicht gleich das erste Opfer einer Rationalisierungswelle werden möchte, ist genauso auf die permanente Verbesserung seiner fachlichen Qualifikation angewiesen. Wer sich jedoch von der Konkurrenz deutlich abheben möchte, kann die Grundausbildung in vielen Bereichen mit einem branchenspezifisichen Diplom veredeln.

Bank- und Sparkassenkaufleute

Was für alle anderen Branchen gilt, ist natürlich auch in der Kreditwirtschaft mittlerweile üblich: Die einfache Ausbildung zum Bank- oder Sparkassenkaufmann und ein paar Jahre Praxis reichen längst nicht mehr als Basis für eine flotte Karriere. Die Arbeitgeber wollen mehr, die Aufgaben in den Schalterhallen werden immer umfangreicher und komplizierter.

Was viele frustrieren mag, ist jedoch für besonders Ambitionierte eine ausgezeichnete Chance. Der Einsatz lohnt allemal. Wer sich für ein Weiterbildungsprogramm bei Bank- oder Sparkassenakademie entscheidet, braucht sich keine Sorgen mehr zu machen, auf das berufliche Abstellgleis geschoben zu werden. Im Gegenteil: Kandidaten, die sich freiwillig für den Akademiebesuch entscheiden und entsprechend gut abschneiden, verschaffen sich eine glänzende Basis für den Aufstieg – ganz ohne Hochschulstudium.

Training an der Bankakademie

Bankfachwirt. Zwei Jahre dauert das Studium an einer der rund 90 Außenstellen der Frankfurter Akademie. Die Ausbildung endet mit einem Zeugnis des Instituts und der Verleihung des von der Industrie- und Handelskammer anerkannten Titels Bankfachwirt.

Bevor die Absolventen allerdings das Diplom in Empfang nehmen dürfen, müssen sie – neben ihrer täglichen Arbeit in der Bank – ein anstrengendes Unterrichtspensum absolvieren. So trainieren sie nach Feierabend und am Wochenende in Kolloquien, Vorlesungen und Seminaren zum Beispiel allgemeine und spezielle Bankbetriebslehre, Auslandsgeschäft und Effektenhandel. Dazu kommen reichlich »Hausaufgaben« und die Vorbereitung auf Klausuren, die ebenfalls in der Freizeit zu erledigen sind.

Im Anschluß an das erste und zweite Semester haben die Lehrer noch zusätzliche Hürden aufgebaut: Zwischenprüfungen, die geschafft werden müssen. Nach dem erfolgreichen Studium und dem Bestehen der Abschlußprüfung steht dann meist dem nächsten Karriereschritt nichts mehr im Wege. Die Absolventen sind reif für die Übernahme von verantwortungsvollen Leitungs- und Führungsaufgaben im mittleren Management von Kreditinstituten.

Meist erklären sich die Kreditinstitute bereit, die Lehrgangsgebühren, etwa 1000 Mark pro Semester, zumindest teilweise zu übernehmen. Fehlt dieses Entgegenkommen, beteiligt sich oft das Finanzamt am Bildungshunger des Steuerzahlers (siehe Seite 128f.).

Voraussetzung für das Studium zum Bankfachwirt: abgeschlossene Banklehre (Mindestnote: befriedigend) und Berufspraxis.

Bankbetriebswirt. Mit der Ausbildung zum Bankfachwirt brauchen es Aufstiegsorientierte in der Kreditwirtschaft nicht bewenden zu lassen. Sie können mit dem zweisemestrigen Studium zum Bankbetriebswirt ihrer Karriere zusätzliche Schubkraft verleihen. Das Training baut auf den Inhalten des Bankfachwirt-Lehrgangs auf. Es richtet sich in erster Linie an Mitarbeiter und Mitarbeiterinnen von Banken, die sich für fach- und personalorientierte Führungsaufgaben qualifizieren möchten. Dazu gehören zum Beispiel Beratung von Firmen- und Privatkunden sowie Gruppen- oder Geschäftsstellenleitung.

Auch dieses Training findet nebenberuflich in zahlreichen deutschen Städten statt. Unterricht steht meist samstags an. Nach Feierabend müssen die Studenten das Gelernte aufarbeiten und sich auf Prüfungen vorbereiten. Pro Semester verlangt die Bankakademie von angehenden Bankbetriebswirten rund 2000 Mark. Die Ausbildung schließt mit der schriftlichen und mündlichen Prüfung zum Bankbetriebswirt (Bankakademie) ab.

Zulassungsvoraussetzungen für das Studium zum Bankbetriebswirt: Bestehen der Prüfung zum Bankfachwirt (Mindestnote: befriedigend).

Managementstudium. Besonders ambitionierte Bankbetriebswirte können ihre Fortbildungsaktivitäten mit einem zusätzlichen Lehrgang krönen: dem Managementstudium. Zwei Semester lang vermitteln ihnen dann qualifizierte Praktiker, Professoren und wissenschaftliche Assistenten das notwendige Know-how, um übergreifende Projekt- und Teamarbeiten bewältigen zu können. Anhand von umfangreichen Fallstudien und der Studienarbeit werden Anwendungen aktiv trainiert.

Auch das Managementstudium kann nebenberuflich absolviert werden. Der Unterricht findet in der Regel samstags von 8.30 Uhr bis 17.00 Uhr in mehreren deutschen Städten statt. Zusätzlich verlangt die Bankakademie von den Studenten ein regelmäßiges Selbststudium. Die Semestergebühren liegen bei rund 3000 Mark. Die Studierenden schließen die Ausbildung mit der Prüfung zum diplomierten Bankbetriebswirt (Bankakademie) ab.

Zulassungsvoraussetzungen für das Managementstudium: Bestehen der Prüfung zum Bankbetriebswirt mit der Mindestnote befriedigend.

Weitere Informationen zu den Studiengängen gibt es bei der Bankakademie, Oeder Weg 16-18, 60318 Frankfurt/Main, Telefon 0 69/1 54 00 80.

Training an der Sparkassenakademie

Sparkassenbetriebswirt. Überdurchschnittlich engagierte Mitarbeiter, die bisher nur über eine abgeschlossene Lehre verfügen, können auch bei den Sparkassen von einem umfangreichen Förderprogramm profitieren. Sie dürfen zunächst auf Kosten ihres Arbeitgebers den sechs- bis siebenmonatigen Sparkassenfachlehrgang in verschiedenen Städten besuchen. Dabei haben die Auserwählten gegenüber Kollegen von den Banken zwei große Vorteile: Sie können während der Ausbildung von ihrem Arbeitsplatz fernbleiben und sich ausschließlich auf die Fortbildung konzentrieren. Das lästige Pauken für die Zwischenprüfungen entfällt.

Auf dem Lehrplan der Sparkassenakademie steht neben Volks- und Betriebswirtschaft, Recht, Sparkassengeschäft, Personalführung sowie politischer Bildung auch Wirtschaftsenglisch.

Mit dem erfolgreichen Bestehen der Sparkassenfachprüfung wird dem Nachwuchs der Titel Sparkassenbetriebswirt verliehen. Mit diesem Qualifikationsnachweis tut sich für die angehenden Führungskräfte der Karriereschritt zum Geschäftsstellen-, Abteilungsleiter oder qualifizierten Sachbearbeiter auf.

Zulassungsvoraussetzungen für den Sparkassenfachlehrgang: Mindestalter 21 Jahre, abgeschlossene Banklehre, gute Bewährung in der Praxis, Bestehen einer Aufnahmeprüfung.

Sparkassenbetriebswirt (Dipl.). Ähnlich wie die Bankakademie bietet die Sparkassenakademie ein mehrstufiges Programm an. Deshalb können sich Interessenten nach dem Sparkassenfachlehrgang für den Höheren Fachlehrgang qualifizieren. Er beginnt mit einem einjährigen Fernstudium. Anschließend müssen die Teilnehmer mit Karriereziel Filialbereichs- oder Hauptabteilungsleiter weitere zwölf Monate in der Zentrale der Akademie in Bonn Fachwissen pauken.

Die Ausbildung mit Schwerpunkten wie Sparkassen- und Kreditwesen, Volks- und Betriebswirtschaft, Recht, Management, Fremdsprachen sowie soziale Kompetenz ist wiederum kostenlos. Die Lehrer kontrollieren in regelmäßigen Tests und Klausuren, was die Studenten von den Vorlesungen, Kolloquien, Gastvorträgen und Exkursionen behalten haben. Im Abschlußexamen, der Höheren Fachprüfung vor der Bonner Akademie, heißt es dann, das gesammelte Fachwissen unter Beweis zu stellen, bevor die Absolventen endlich das begehrte Diplom Sparkassenbetriebswirt (Dipl.) verliehen bekommen.

Zulassungsvoraussetzungen für den Höheren Fachlehrgang: Mindestalter 25 Jahre, abgeschlossene Banklehre, überdurchschnittlich gute Note bei der Prüfung zum Sparkassenbetriebswirt, Praxisbewährung, Bestehen eines Aufnahmetests.

Weitere Informationen zu den Studiengängen gibt es bei der Sparkassenakademie, Buschstraße 32, 53113 Bonn, Telefon 02 28/20 40.

Ingenieure und Techniker

Talentierte Ingenieure haben nach wie vor gute Karrierechancen. Allerdings gilt auch für diese Berufsgruppe: Ohne regelmäßige Weiterbildung wächst das Risiko eines Arbeitsplatzverlustes. Dabei dürfen es die Techniker jedoch keinesfalls bei der Verfeinerung ihrer fachlichen Kompetenzen belassen. Von ihnen verlangen die Arbeitgeber immer häufiger zumindest kaufmännisches Basiswissen. Die Bereitschaft, entweder im Verkauf mitzuarbeiten oder die Kollegen wenigstens beim Vertrieb zu unterstützen, schätzen die Unternehmen ebenfalls.

Universitäten und Fachhochschulen haben sich inzwischen auf diesen Trend eingestellt und bieten eine Reihe von Zusatz-, Ergänzungs- und Kontaktstudiengängen für Weiterbildungswillige mit einer klassischen Ingenieurausbildung. Die Berufsverbände kennen die aktuellen Angebote.

Dieses kaufmännische Rüstzeug läßt sich besonders gut mit der Master-of-Business-Administration-Ausbildung an einer internationalen Business-School erarbeiten. Ein MBA-Studium hat denn auch schon vielen Diplomingenieuren den Einstieg in eine außergewöhnliche Karriere verschafft (siehe Seite 108ff.).

Ohne fundierte Sprachkenntnisse brauchen sich Techniker allerdings nicht um einen MBA-Studienplatz zu bemühen. Gutes Englisch und das Beherrschen einer zweiten Fremdsprache gelten heute für jede Führungskraft als »Muß«. Wie sich solche Kenntnisse erwerben lassen, steht auf den Seiten 51ff..

Bei all diesen Aktivitäten dürfen Ingenieure ihr Fachwissen natürlich nicht vernachlässigen. Nirgendwo veraltet Know-how so schnell wie in der Technik. Einige Institute haben sich auf entsprechende Spezialprogramme konzentriert. Eine Auswahl empfehlenswerter Anbieter:

Technische Akademie Esslingen
In den Anlagen 5
73760 Ostfildern
Telefon: 07 11 / 34 00 80;

Technische Akademie Wuppertal
Hubertusallee 16-18
42117 Wuppertal
Telefon 02 02 / 74 95-0

VDI-Bildungswerk
Graf-Recke-Straße 84
40239 Düsseldorf
Telefon 02 11 / 6 21 40

Juristen

Ausschließlich in rechtlichen Dingen Ausgebildete müssen heute häufig um ihren Job fürchten. Immer größer wird die Flut von Hochschulabsolventen, die das Fach Jura als Ausweichfach nutzt, weil der eigene Numerus clausus nicht ausreicht, das eigentliche Traumstudium zu beginnen. Kein Wunder, daß selbst »Volljuristen«, also all jene, die das erste und zweite Staatsexamen bestanden haben, häufig als Sachbearbeiter bei Versicherungen oder aber als miserabel ausgelastete Rechtsanwälte ein trauriges Dasein fristen.

Mittlerweile droht allen, die zwar die Paragraphen zu ihrem Berufsinhalt auserkoren haben, aber dennoch Karriere machen wollen, ein deutlich besseres Schicksal. Der Grund: Zahlreiche Weiterbildungsinstitute und Hochschulen (siehe Seite 108f.) haben auf das Dilemma der klassischen Juristen reagiert und bieten ein attraktives und damit karriereförderndes zusätzliches Weiterbildungsprogramm an.

Hauptinhalt der Kurse und Zusatzstudiengänge ist die Vermittlung von betriebswirtschaftlichem Wissen. Erste Erfolge des neuen Trends, Juristen mit kaufmännischem Know-how auszustatten, sind bereits erkennbar. Eine ganze Reihe von Topmanagern mit juristischer Vorbildung steht inzwischen an der Spitze großer Unternehmen oder arbeitet erfolgreich in renommierten Consultinghäusern. Was diese erfolgreichen Damen und Herren verbindet, ist klar: Sie haben es nicht bei der juristischen Grundausbildung belassen und verschafften sich schon vor beziehungsweise spätestens während der Berufstätigkeit tiefe Einblicke in andere Fachbereiche.

Wer diese wichtige Qualifikation in hervorragenden Crash-Kursen erlangen will, kann sich auch bei einer der internationalen Business Schools zu einem MBA-Lehrgang einschreiben (siehe Seite 108). Dort können sich zukunfts- und karriereorientierte Juristen in ein- bis zweijährigen Studiengängen das notwendige Rüstzeug für den flotten Aufstieg besorgen. Die Konkurrenz von betriebswirtschaftlich Vorgebildeten brauchen sie dann nicht mehr so zu fürchten, wie es viele der traditionell ausgebildeten Rechtsexperten heute tun.

Management-Know-how für Juristen

Angehende Rechtswissenschaftler müssen sich schon wenige Semester nach Studienbeginn entscheiden, ob sie eine klassische Disziplin wie Anwalt, Richter beziehungsweise Staatsanwalt wählen oder lieber ins Management einsteigen wollen. Denn bereits die Zeit nach dem ersten Staatsexamen läßt sich zur Vorbereitung des Einstiegs in die Wirtschaft nutzen. Hier einige Tips für Rechtsreferendare, die sich eine Karriere im Management vorstellen können:

- Sie sollten einen Teil ihrer juristischen Fachausbildung in Unternehmen oder Unternehmensberatungen absolvieren. Damit ersparen sie sich später zum Teil weitere Praktika und haben rechtzeitig betriebswirtschaftliche Grundkenntnisse gesammelt. Zusätzlich lernen juristisch Trainierte während des Praxisprogramms, mit Kollegen umzugehen und im Team zu arbeiten – ganz wichtige Fähigkeiten für alle, die Führungsaufgaben übernehmen wollen. Zu beachten ist, daß die Ausbildung in einem Unternehmen vom zuständigen Oberlandesgericht anerkannt sein muß. Auf Anfrage sind viele Gerichte allerdings bereit, den Wünschen der Referendare zuzustimmen.
- Auslandsaufenthalte bringen Pluspunkte. Die deutschen Handelskammern sind befugt, Referendare auszubilden. Außerdem unterhalten große Anwaltskanzleien enge Kooperationen mit ausländischen Partnern. Nachfragen kann sich also lohnen.
- Ein Doktortitel verbessert das Image (siehe Seite 69ff.). Auch wenn viele Personalberater anderer Meinung sind: Ein Doktorhut zählt gerade bei Juristen immer noch eine ganze Menge. Wer sich auf ein streng praxisorientiertes Thema, zum Beispiel aus den Bereichen Steuer-, Wettbewerbs-, internationales oder europäisches Recht, konzentriert, zeichnet sich aus.
- Erfahrungen in einer großen Anwaltskanzlei mit Spezialgebieten wie Wettbewerbs- oder internationales Recht erhöhen das Ansehen.

Wer sich noch besser für eine Karriere in der Firmenleitung qualifizieren möchte, kann sich nach dem zweiten Staatsexamen um ein Traineeprogramm in einem großen Unternehmen bewerben. Während dieser »Edellehre« lernen Auszubildende mit Hochschulabschluß im Schnellverfahren wichtige Abteilungen eines Unternehmens kennen.

Rechtswissenschaftler, die es aus irgendwelchen Gründen nicht geschafft haben, in ihrem Studium bereits die Basis für einen flotten Aufstieg an die Spitze zu legen, brauchen indes nicht zu resignieren. Für sie halten, neben internationalen Business Schools, viele deutsche Seminaranbieter Einführungskurse ins Management bereit. Dort bekommen sie auch das notwendige Know-how für den richtigen Umgang mit Mitarbeitern und die Arbeit in Teams vermittelt. Eine Übersicht mit den Adressen renommierter Bildungsinstitute finden Sie auf den Seiten 82ff.

Kaufleute

Berufsbegleitendes Studium an einer VWA

Verwaltungs- und Wirtschaftsakademien, kurz VWA, bereiten einerseits Abiturienten sowie Inhaber der Fachhochschulreife in einer Kombination von betrieblicher Ausbildung und Studium auf Führungsaufgaben im mittleren Management vor. Andererseits bieten sie berufsbegleitendes Training für alle, denen eine kaufmännische Grundausbildung nicht genügt.

Das Studium nach Feierabend bedeutet natürlich immer außergewöhnlichen Einsatz und mehr als eine klassische Hochschulausbildung. Der Aufwand lohnt sich. Denn die Ausbildung an VWA, die es in nahezu allen größeren Orten der Bundesrepublik gibt, wird immer häufiger mit dem Studium an einer Fachhochschule gleichgesetzt. Wer bei einer Bewerbung oder dem Karrieregesprach mit dem Chef geschickt einfließen läßt, daß er neben seinen beruflichen Belastungen am Wochenende und nach Feierabend für ein zusätzliches Studium gepaukt hat, kann sich gute Chancen auf das Wohlwollen seines Vorgesetzten ausrechnen. Eine ordentliche Gehaltserhöhung dürfte allemal drin sein. Für viele VWA-Absolventen war sogar eine Beförderung wenige Monate nach dem Abschluß der Lohn für die vorübergehende Belastung.

Es hat allerdings lange gedauert, bis die Ausbildung an einer Verwaltungs- und Wirtschaftsakademie von Personalchefs und Vorgesetzten als Gütesiegel anerkannt wurde. Denn die Geschichte der VWA ist alt. Schon vor rund 70 Jahren gründete die Stadt Essen in enger Zusammenarbeit mit der Industrie- und Handelskammer die erste dieser Akademien in Deutschland. Bis vor wenigen Jahren kannten leider nur die wenigsten den mittlerweile so karrierefördernden Studiengang. Wer versuchte, mit dem Abschluß einer VWA für sich zu werben, stieß oft auf blankes Unverständnis.

Inzwischen hat sich das Image dieser Ausbildungen jedoch radikal verbessert – zu Lasten von Titeln wie »Staatlich geprüfter Betriebswirt« oder »Staatlich geprüfter Techniker«. Das Fachwissen derartig Trainierter entspricht heute meist längst nicht mehr dem, was Unternehmen von qualifizierten Mitarbeitern erwarten.

Die VWA-Geprüften können hingegen am Arbeitsplatz vom hohen Standard ihrer Qualifikation überzeugen. Zehntausende, die sich nach Feierabend auf den Abschluß vorbereitet und die Prüfung bestanden haben, arbeiten heute in gehobenen Positionen – auch in der öffentlichen Verwaltung. Dementsprechend steigt die Zahl der Interessenten für eine VWA-Ausbildung.

Der Zugang zu diesem aufstiegsfördernden Studiengang ist gar nicht so schwer. Selbst Studienplatzaspiranten, die nicht alle Voraussetzungen bis zum letzten I-Tüpfelchen erfüllen, können eventuelle Defizite durch den Nachweis von Berufspraxis wettmachen.

Trotz dieser niedrigen Hürden, ist das Niveau der Lehrpläne außergewöhnlich hoch. Kein Wunder, denn die meisten VWA-Dozenten lehren hauptberuflich an Hochschulen und stellen entsprechend große Anforderungen an ihre Feierabendstudenten. Dennoch sollte sich niemand durch diese Erschwernisse von vornherein abschrecken lassen. Tip eines Absolventen: »Wer ein einigermaßen gutes Zeitmanagement hat, kann es gut schaffen. Schauen Sie sich aber auf jeden Fall erst einmal genau den zu bewältigenden Stundenplan an, und erkundigen Sie sich nach dem erforderlichen Zeitaufwand für Hausaufgaben, Seminare und Übungen.«

Die Kosten des Studiums dürften hingegen für niemanden ein Hindernis sein. 6000 bis 8000 Mark sollte ein Interessent für die Ausbildung einplanen. Dabei kann er einen guten Teil der Ausgaben in der Steuererklärung von seinem Einkommen absetzen. Außerdem sind einige Unternehmen gerne bereit, den Bildungshunger ihrer Mitarbeiter mit einer finanziellen Beteiligung an den Studiengebühren zu belohnen.

An welcher VWA ein Mitarbeiter das Studium absolvieren möchte oder sein Diplom erworben hat, ist Personalchefs und Personalentwicklern meist ziemlich einerlei. Ein Musterstudienplan des Bundesverbands Deutscher Verwaltungs- und Wirtschaftsakademien gewährleistet gleiches Niveau an allen Akademien in der Bundesrepublik. Grund genug für den Leiter einer VWA voller Stolz zu verkünden: »Unsere Absolventen erreichen auf jeden Fall das mittlere Management.«

Studienvoraussetzungen

Mehr als 70 Verwaltungs- und Wirtschaftsakademien bilden in erster Linie Kandidaten mit einer abgeschlossenen Berufsausbildung und rund drei Jahren Berufspraxis zum Betriebswirt (VWA) aus. Interessenten mit Technikerdiplom, Meisterbrief oder Ingenieurausbildung können sich ebenfalls um einen Studienplatz bewerben. Der Unterricht findet abends und/oder samstags statt.

Ausbildungsdauer

Das Studium an einer VWA dauert meist sechs Semester. Inzwischen haben einige Akademien den Streß für nebenberufliche Studenten jedoch ein wenig gemildert und die Ausbildung um ein halbes Jahr verlängert. Die zeitliche Anspannung allein durch Vorlesungen, Kolloquien und Repititorien summiert sich immerhin auf rund 15 Stunden pro Woche. Darin ist die Zeit für Hausaufgaben und Vorbereitung auf Klausuren noch nicht einmal eingerechnet. Dafür sollten die Studenten noch einmal fünf bis maximal zehn Stunden pro Woche einkalkulieren.

Diese außergewöhnliche Belastung – insgesamt müssen zukünftige VWA-Betriebswirte rund 900 Stunden in den Akademien zubringen – ist auch die Ursache für eine recht hohe Abbrecherquote. Im Bundesdurchschnitt gibt mindestens ein Drittel der nebenberuflichen Studiosi während der Ausbildung auf.

Studieninhalt

Während des Studiums steht die Betriebswirtschaft im Vordergrund, gefolgt von Volkswirtschaft und einer intensiven Einführung in öffentliches und privates Recht. In den ersten Semestern, dem Grundstudium, konzentrieren sich die Dozenten auf Vermittlung von Basiswissen in den genannten Bereichen. Zur Vertiefung des Erlernten steht eine Reihe von Übungen auf dem Stundenplan. Im weiteren Verlauf der Ausbildung wird das Grundwissen mit detaillierten Vorträgen und Seminaren erweitert. Repititorien helfen, mögliche Defizite zu beseitigen und Verständnisprobleme auszuräumen. Zusätzliche

Probeklausuren erlauben im Grundstudium eine regelmäßige Selbstkontrolle.

Im Hauptstudium wird es allerdings ernst: Schriftliche Prüfungen, die streng benotet werden, stehen an. Die Ergebnisse der meisten Arbeiten entscheiden über die Zulassung zum Abschlußexamen.

Immer wieder überprüfen die Studienleiter der Verwaltungs- und Wirtschaftsakademien ihr Vorlesungsprogramm und passen den Unterrichtsstoff den aktuellen Bedürfnissen der Praxis an. Auch Wünsche der Studenten werden meist problemlos erfüllt. Ohne lange Vorlaufzeiten organisieren die Akademien dann zusätzliche Seminare und bieten Fachvorträge zu aktuellen Themen an. An diesen Veranstaltungen dürfen in den meisten Fällen sogar ehemalige VWA-Studenten teilnehmen.

Aufstiegschancen

Das Ansehen eines VWA-Studiums hat sich in den letzten Jahren kräftig verbessert. Jetzt brauchen die Absolventen Vergleiche ihrer Diplome mit den Abschlußzeugnissen der Fachhochschüler nicht mehr zu scheuen. Nach einer Untersuchung der Stuttgarter Verwaltungs- und Wirtschaftsakademie konnte jeder zweite Befragte nach seiner Ausbildung eine verantwortungsvollere Aufgabe übernehmen. Fast alle Ehemaligen meldeten positive Auswirkungen der nebenberuflichen Schulung auf Beruf und Privatleben.

Viele Unternehmen honorieren den überdurchschnittlichen Einsatz ihrer Mitarbeiter – zum Beispiel durch bezahlte Freizeit, um Hausaufgaben zu erledigen und für Klausuren zu pauken, Gehaltserhöhungen, Aufnahme in weitere Nachwuchsförderprogramme oder natürlich durch Beförderungen.

Weitere Informationen zum Studium an einer VWA gibt es beim Bundesverband Deutscher Verwaltungs- und Wirtschaftsakademien, Eschersheimer Landstraße 230, 60320 Frankfurt/Main, Telefon 0 69 / 92 00 67-0.

Weiterbildung zum Fachkaufmann/-wirt

Karriereorientierte Kaufleute, gleichgültig in welcher Branche sie arbeiten, wissen es längst: Der schlichte Kaufmannsgehilfenbrief, früher zumindest die Basis für eine halbwegs erfreuliche Karriere im mittleren Management, gilt heute allenfalls als Nachweis von Basiswissen zur Erledigung von wenig verantwortungsvollen Aufgaben. Denn die ständig wachsende Akademikerflut von Universitäten und Fachhochschulen hat die Konkurrenz unter den Bewerbern erheblich verschärft. Immer häufiger entscheiden sich Unternehmen inzwischen für Hochschulabsolventen anstatt für Bank-, Einzelhandels-, Großhandels-, Industrie- und Versicherungskaufleute. Der Kaufmann alter Prägung hat also fast überall ausgedient.

Betroffene brauchen aber nicht gleich in tiefe Depression zu verfallen. Mit etwas Engagement können auch sie sich das notwendige Know-how für die Übernahme eines interessanten Jobs verschaffen – mit dem Besuch eines Lehrgangs zum Fachwirt oder Fachkaufmann. Wer diese Ausbildung absolviert, empfiehlt sich gemeinhin für Verantwortlicheres. Solche Weiterbildungsprogramme gibt es bei uns zwar schon seit vielen Jahren. Doch galt für Fachwirte und Fachkaufleute ähnliches, was sich auch die Absolventen einer Verwaltungs- und Wirtschaftsakademie früher anhören mußten: Das Image ihrer Ausbildung sei mies.

Mit dieser Geringschätzung ist es inzwischen zumindest größtenteils vorbei. Selbst große Unternehmen respektieren mittlerweile Kaufleute mit dieser Zusatzausbildung. Bei manchen Arbeitgebern gelten Fachwirt oder Fachkaufmann sogar als Einstellungsvoraussetzung. Andere Unternehmen beteiligen sich freiwillig an den Lehrgangskosten oder schicken Förderungswürdige gleich auf ihre Kosten zu den entsprechenden Instituten.

Eine Absolventenbefragung ergab Positives: Rund 50 Prozent der Befragten bekam nach der Ausbildung anspruchsvollere Aufgaben übertragen.

Ausbildungsgänge

Wer seine kaufmännische Grundausbildung veredeln möchte, kann zwischen zwei Weiterbildungsalternativen wählen: dem Kurs zum Fachwirt, für alle, die sich auf eine Branche spezialisieren wollen und einer Ausbildung zum Fachkaufmann. Diese Leute konzentrieren sich mit ihrer Zusatzausbildung auf die Verbesserung ihrer Qualifikation in einem betrieblichen Bereich, zum Beispiel Marketing, Controlling oder Einkauf.

Das Angebot an Speziallehrgängen für Fachwirte und Fachkaufleute wächst ständig. Interessenten können sich unter anderem zum Bank-, Fremdenverkehrs-, Grundstücks- oder Wohnungswirtschaftsfachwirt schulen lassen. Vorausgesetzt allerdings, die Aspiranten verfügen über genügend Praxiserfahrungen.

Angehende Fachkaufleute dürfen aus einer ähnlich großen Palette auswählen wie zukünftige Branchenspezialisten. Dazu gehört zum Beispiel ein Training zum Fachkaufmann für Außenwirtschaft, Einkauf/Materialwirtschaft, für Marketing, zum Personalfachkaufmann, Organisator und Kostenrechner oder zum Bilanzbuchhalter. Industrie- und Handelskammern nehmen die notwendigen Abschlußprüfungen für Fachkaufleute und Fachwirte ab. Sie wissen auch genau über das aktuelle Angebot an Ausbildungsmöglichkeiten Bescheid. Die Nachfrage beim Arbeitsamt kann sich ebenfalls lohnen.

Zulassungsvoraussetzungen

Ohne den Nachweis kaufmännischer Praxis gestattet kein Institut eine Teilnahme am karrierefördernden Lehrgang zum Fachwirt oder Fachkaufmann. Es gibt allerdings ein paar Unterschiede: Wer eine abgeschlossene Lehre in einem anerkannten Ausbildungsberuf vorweisen kann, kommt mit nur drei Jahren Praxis in dem Gebiet aus, in dem er sich weiter verbessern möchte. Einem potentiellen Fachkaufmann Controlling genügen demnach normalerweise 36 Monate Erfahrungen in diesem Bereich.

Ohne abgeschlossene Berufsausbildung verlangen die Lehrer allerdings die doppelte Praxis, also in der Regel sechs Jahre. Von dieser Zeit brauchen zukünftige Fachkaufleute oder Fachwirte nur die Hälfte in dem angestrebten Bereich absolviert zu haben.

Der große Härtetest steht allerdings bei der Prüfung vor der Industrie- und Handelskammer (IHK) an. Je mehr berufliche Erfahrungen die Kandidaten nämlich besitzen, desto besser schneiden sie meist ab.

Inzwischen gehört die Ausbildung zum Fachkaufmann beziehungsweise Fachwirt zum Standardprogramm fast aller IHK, zahlreicher Volkshochschulen und diverser gewerkschaftlicher Institute. Natürlich haben auch private Bildungsverkäufer den Reiz der Zusatzausbildung erkannt und die Ausbildungsgänge in ihr Angebot integriert. Selbst Fernschulen bieten entsprechende Lehrgänge an. Doch wer sich im heimischen Wohnzimmer auf höhere kaufmännische Weihen vorbereiten will, sollte sich vorher unbedingt eingehend auf die Probe stellen: Heimarbeit hat schon viele nach kurzer Zeit frustriert.

Zu dieser Ernüchterung tragen auch die bunten Prospekte der zahlreichen Anbieter bei, die mit vermeintlich niedriger zeitlicher Belastung durch Fernlehrgänge werben. Nur die Erfahrungen der Absolventen sind wirklich verläßlich. Die Referenzen und begeisterten Äußerungen Ehemaliger in den Werbebroschüren stimmen mit der Wirklichkeit längst nicht immer überein.

Auf Fernschulen können angehende Fachwirte und Fachkaufleute ohnehin in den meisten Fällen verzichten. Sie brauchen ihre Berufstätigkeit während der Ausbildung sowieso nicht aufzugeben. Nahezu alle Institute, gleichgültig ob privat, staatlich oder von einer Gewerkschaft geführt, unterrichten ihre Schüler abends beziehungsweise am Wochenende.

Sicherlich ist ein nebenberuflicher Schulungseinsatz beschwerlich. Er lohnt sich aber fast immer. Kaum ein Personalchef, der das Engagement nach Feierabend nicht honoriert – zumindest durch Gewährung von Freizeit zur Erledigung der Hausaufgaben und Vorbereitung auf anstehende Prüfungen.

Die Kosten für die zusätzliche Ausbildung, 4000 bis 5000 Mark, rechnen sich also. Selbst wenn das Unternehmen nicht gleich mit Beförderung oder Gehaltserhöhung reagiert, die Erweiterung der fachlichen und persönlichen Qualifikation motiviert zu neuem Engagement. Und damit ist oft der Weg frei zum nächsten Karriereschritt.

Übrigens: An den Gebühren für die Lehrgänge zum Fachwirt oder Fachkaufmann beteiligt sich oft das Finanzamt. Denn Kosten für Fort- und Weiterbildung gelten in der Steuererklärung als Sonderausgaben oder Werbungskosten (siehe Seite 128f.).

Managerinnen

Das Gerücht hält sich seit Jahren hartnäckig: Noch immer sollen demnach Frauen heftige Probleme haben, gegen die männliche Konkurrenz zu bestehen und den Herren Führungspositionen streitig zu machen. Damit endlich Schluß mit diesen

Vorurteilen ist und Damen schließlich auch im Berufsleben Gleichberechtigung erlangen, legen immer mehr Weiterbildungsinstitute spezielle Seminarangebote auf. Die Palette reicht von Rhetorikkursen, Führungstrainings bis hin zur Vermittlung des richtigen Umgangs mit männlichen Konkurrenten und Kollegen.

Die Lehrgänge verkaufen sich gut. Das freut zumindest die Veranstalter. Ob die Seminare allerdings wirklich zum versprochenen Erfolg führen, bezweifeln einige Weiterbildungsexperten. Sie sehen in einem geschlechtsgebundenen Unterricht eher einen Nachteil. Warum? »In diesen Seminaren wird erst recht eine Kluft zwischen Männern und Frauen geschaffen, die es eigentlich endlich zu schließen gilt«, lautet das strenge Urteil der Kritiker. Die Teilnehmerinnen verzichten noch auf einen weiteren Vorteil »gemischter« Lehrgänge: Den intensiven Erfahrungsaustausch und die gute Möglichkeit, vor und nach dem Unterricht berufliche Kontakte zu knüpfen. Solche Chancen bieten sich in der speziellen Weiterbildung kaum.

Wesentlich nutzbringender ist hingegen eine Reihe von Organisationen gleichgesinnter Gesprächspartnerinnen, die sich über berufliche Situationen und das richtige Verhalten am Arbeitsplatz austauschen möchten. Diese Klubs haben es sich zur Aufgabe gemacht, Mitglieder und Gäste über Berufschancen zu informieren und interessante Karrierewege aufzuzeigen. Gleichzeitig bemühen sie sich, ein möglichst breites Netz zwischen Managerinnen und allen Frauen, die in Führungspositionen aufsteigen wollen, zu knüpfen.

In vielen Städten wurden mittlerweile Gesprächsklubs für ambitionierte Frauen gegründet. Dort erfahren Interessierte auch, welche Seminaranbieter wirklich sinnvolle Kurse für Managerinnen im Programm führen und wann es sich eher lohnt, einen traditionellen Lehrgang zu besuchen.

Die Frauenbeauftragten in den Rathäusern oder die zuständigen Industrie- und Handelskammern nennen entsprechende Adressen in ihren Einzugsbereichen. Allerdings haben es viele Frauengruppen nicht geschafft, zu überregionaler Bedeutung zu gelangen. Wer sich in einer dieser Organisationen engagieren möchte, sollte deshalb vor dem Beitritt Referenzen einholen – am besten mit diesen Fragen:

- Wo existieren weitere Niederlassungen des Netzwerks?
- Wann wurde die Gruppe gegründet?
- Welche Veranstaltungen hat die Vereinigung bisher durchgeführt?
- Wie viele Mitglieder gibt es, welche Positionen haben sie inne?
- Wie häufig treffen sich die Damen?

Verkäufer

»Verkaufen kann jeder«, behaupten viele. Das stimmt jedoch nicht. Die Praxis beweist immer wieder: Geschulte Verkäufer leisten deutlich mehr, vorausgesetzt sie wurden nicht von Leuten geschult, die nur eines besonders gut verkaufen – sich selbst.

Die Branche der Verkaufstrainer profitiert von diesem immer vorhandenen Bedarf. Selbst wenn die Umsatzkurven dramatisch sinken und die Sparkommissare in den Unternehmen überall den Rotstift ansetzen, werden Verkaufstrainings gebucht – meist sogar noch mehr als in besseren Zeiten. Steigen die Umsätze dann wieder an, sollen noch bessere Verkaufstricks die Mannschaft zu beständigen Höchstleistungen bringen. Außerdem besuchen natürlich besonders ambitionierte Verkäufer gerne immer neue Seminare, hängt doch ein großer Teil ihres Einkommens von der Höhe des Umsatzes ab.

Doch was die häufig selbsternannten »Startrainer« in ihren Werbebroschüren oder bei mündlichen Präsentationen vollmundig versprechen, hat oft mit der Wirklichkeit nach den Lehrgängen nur wenig zu tun: Die angekündigten Umsatzsteigerungen sind längst nicht so hoch oder bleiben sogar völlig aus. Oft genug geraten Unternehmen und ihre Mitarbeiter an Institute oder Einzelkämpfer, die weder Praxiserfahrung noch qualifiziertes Personal besitzen. Kein Wunder, denn Trainer darf sich jeder nennen. Die Berufsbezeichnung ist nicht gesetzlich geschützt. Ein einfacher Gewerbeschein genügt, um an die verlockenden Pfründe heranzukommen.

Es gibt jedoch eine seriöse Anlaufstelle, von der Interessenten erfahren, welche Verkaufstrainer Vertrauen verdienen: den BDVT – Bund Deutscher Verkaufsförderer und Verkaufstrainer (Hohenzollernring 48, 50672 Köln, Tel. 02 21/9 20 76-0). Der Verband bemüht sich mit Erfolg, die Spreu mit organisatorischen Maßnahmen vom Weizen zu trennen. Strenge Aufnahmekriterien sollen nur den Besseren Zugang gewähren und »Abzocker« ohne jegliche Fachkompetenz außen vor lassen.

Verbindliche Preislisten gibt es für BDVT-Mitglieder jedoch nicht. So variieren die Tagessätze zwischen eher moderaten 4000 bis 5000 Mark und über 20 000 Mark für ein firmeninternes Training. Ein externes Seminar für Verkäufer kleinerer Unternehmen und Einzelpersonen kostet rund 1000 Mark pro Tag. Dafür bieten erfahrene und seriöse Anbieter Firmen neben dem Training noch eine Reihe von Zusatzleistungen. Dazu gehören unter anderem:

- die Analyse der Schwachstellen im Verkauf, das Fehlverhalten der Verkäufer und die Marketingsituation,
- die Entwicklung eines speziellen Schulungsplans und eines maßgeschneiderten Trainingsprogramms *sowie*
- die Erfolgskontrolle nach dem Training und die Begleitung der Geschulten zu ersten Verkaufsgesprächen im Anschluß an das Seminar.

Wer mit besonderen persönlichen Problemen zu kämpfen hat, zum Beispiel schlechte Fragetechnik oder miserable Rhetorik, kann bei firmeninternen Verkaufstrainings allerdings nur wenig hinzulernen. Für ihn rechnet sich eher der Besuch eines externen Lehrgangs, zu dem Teilnehmer aus verschiedenen Unternehmen kommen. Achtung: Vor der Buchung solcher Seminare müssen Interessenten unbedingt prüfen, in welchen Branchen die anderen Mitwirkenden arbeiten. Wer Maschinen und Anlagen verkauft oder verkaufen will, ist im Kreise von Markenartikelverkäufern nun mal nicht richtig aufgehoben.

Vorsicht ist häufig auch vor den aufwendig angepriesenen Lehrmethoden und Verkaufstechniken geboten. Sie sind in zahlreichen Fällen nur scheinbar individuell und vom Trainer völlig neu konzipiert. Oft genug beschreiben hochtrabende, besonders wissenschaftlich klingende Wege zu wachsendem Umsatz nur Althergebrachtes, das man längst schon kennt.

Ebensowenig aussagekräftig sind die hin und wieder angebotenen Umsatzsteigerungsgarantien nach Trainingsende. Solche Lockmittel hält der BDVT schlicht für unseriös. Warum? »Kein Trainer weiß vor Seminarbeginn, welche Teilnehmer er vor sich hat und wie sie auf sein Programm reagieren«, behauptet ein Standesvertreter.

Vorsicht ist nach Ansicht des Kölner Verbands genauso vor allzu manipulativen Kursen angebracht. Die Begründung des bereits zitierten Standesvertreters: »Niemand geht als verkäuferische Niete in einen Lehrgang und verläßt ihn als Verkaufskanone.« Kein Wunder, daß ein frustrierter Verkäufer nach einem Kurs, in dem wahre Wunder mit ihm geschehen sollten, anschließend erzählt: »Zu Beginn der Schulung war ich verwirrt, am Ende war ich es immer noch, aber auf einem höheren Niveau.«

Auswahlhilfe: der Weg zum erfolgversprechenden Training

Der Markt an Verkaufstrainern ist für Laien völlig unüberschaubar. Jeder darf sich Trainer nennen und um zahlungskräftige Kundschaft werben, ganz gleich welche Qualifikation er besitzt. Interessenten sollten bei der Wahl des optimalen Lehrinstituts deshalb die folgenden Regeln beachten:

- Wirklich erfolgreiche Lehrer verzichten meist auf Zeitungs- und Zeitschriftenwerbung. Sie leben von Mund-zu-Mund-Propaganda.
- Kein seriöser Weiterbilder übernimmt für seine Schulung eine Erfolgsgarantie. Denn auch in noch so ausführlichen Vorgesprächen läßt sich nicht erkennen, wo individuelle Probleme eines potentiellen Seminarteilnehmers liegen.
- Lehrprogramme ohne jeglichen Praxisbezug bringen nichts. Nur mit trockener Theorie und ohne praktische Beispiele können sich keine Erfolge einstellen.
- Kein Verkaufstrainer kennt sich in allen Branchen gleich gut aus. Vertrauenswürdige Ausbilder informieren deshalb schon beim ersten Kontakt über ihr Spezialgebiet und verweisen ansonsten auf sachkundigere Kollegen.
- Kurse mit mehr als 15 Teilnehmern haben selten Aussicht auf Erfolg. Bei dieser Vielzahl kann sich der Trainer kaum mit persönlichen Problemen seiner Schüler auseinandersetzen.
- Besonders wissenschaftlich formulierte Werbebroschüren haben mit dem tatsächlichen Können der Lehrer oft nur wenig oder gar nichts zu tun. Derartige Aussagen sollen Kunden häufig nur blenden.
- Referenzen großer Kunden sagen wenig über den wahren Wert eines Instituts aus. Solche Belobigungen werden in vielen Fällen aus reiner Gefälligkeit ausgesprochen. Von der wirklichen Qualität eines Instituts muß sich jeder selbst überzeugen.

- Vorsicht vor allzulangen Video-Schulungen. Mit elektronischen Medien hilft sich der Trainer nur selber. Er schlägt die vom Kunden bezahlte Zeit tot, ohne groß Leistungen erbringen zu müssen. Hin und wieder eine Aufnahme zur Kontrolle des Gelernten bringt hingegen etwas. Interessenten sollten daher vor Seminarbuchung fragen, wieviel Zeit für solche »Auftritte« eingeplant ist. Zehn bis 15 Prozent sind genug.

Versicherungskaufleute

Der Wettbewerb unter den Versicherungsgesellschaften wächst rasant. Und das zusammenwachsende Europa wird in Zukunft für immer neue spektakuläre Fusionen internationaler Assekuranzkonzerne sorgen. Die Folge: Nur die besten Mitarbeiter haben Aussichten, die Trends hin zu Internationalisierung, Rationalisierung und Personalabbau zu überstehen.

Schon heute reicht die Grundausbildung zum Versicherungskaufmann längst nicht mehr aus, in der Branche eine einigermaßen vernünftige Karriere zu machen. Ambitionierte müssen deshalb zumindest einen Lehrgang zum Versicherungsfachwirt absolvieren. Wer noch weiter nach oben will, vervollständigt seine fachliche und persönliche Qualifikation mit einem Studium zum Versicherungsfachwirt (DVA) an der Deutschen Versicherungsakademie (DVA).

Vier Semester gilt es für die zukünftigen Nachwuchsmanager abends und/oder samstags zu absolvieren. Während dieser Zeit vermittelt die Akademie in Berlin, Dortmund, Frankfurt/Main, Hamburg, Köln, München, Nürnberg und Stuttgart Kenntnisse in Betriebs-, Volkswirtschaft, Recht, Unternehmensführung, Personalwirtschaft, Versicherungsbetriebslehre und informiert detailliert über die einzelnen Versicherungsprodukte sowie ergänzende Finanzdienstleistungen.

Zu den Vorlesungen, Übungen und Seminaren dürfen allerdings nur Kandidaten erscheinen, die bereits die Prüfung zum Versicherungsfachwirt bestanden haben. Das karrierefördernde Training endet mit dem Examen vor dem Prüfungsausschuß der Akademie und genießt in der Branche hohes Ansehen. Die gesamte Ausbildung kostet inklusive Prüfungsgebühren 3900 Mark.

Der Aufwand lohnt sich meist. Denn »frischdiplomierte Versicherungsbetriebswirte (DVA) sind«, so die Akademie, »wissenschaftlich kompetente Praktiker auf dem Weg nach oben«. Sie empfehlen sich für die Übernahme von Führungspositionen und besonders qualifizierten Tätigkeiten im Innen- und Außendienst.

Weitere Informationen und Anmeldung: Deutsche Versicherungsakademie, Arabellastraße 29, 81925 München, Telefon 0 89 / 92 20 01-40.

Wenn nur der Wechsel bleibt

Sind das Betriebsklima restlos vergiftet und sämtliche Karrierechancen bis auf weiteres verbaut, stehen drastischer Personalabbau oder sogar Unternehmensschließung an, bleibt nur noch die Kündigung und die Suche nach einem neuen Arbeitsplatz. Vorsicht vor übereilten Schritten! Der Umstieg in ein anderes Unternehmen will sorgfältig vorbereitet sein und dauert dementsprechend lange. Mindestens ein halbes, am besten ein ganzes Jahr sollten Sie deshalb einplanen – von der Suche über die Bewerbung bis hin zur Unterschrift unter den Arbeitsvertrag.

Selbst höchst erfolgreiche Manager, die bei unternehmerischen Entscheidungen strategisch zu denken gewohnt sind, kümmern sich oft erst um eine neue Aufgabe, wenn höchste Eile geboten ist. Sie lassen sich dann, ohne viel nachzudenken, vielleicht aus Wut oder Enttäuschung, abwerben oder kündigen, ohne diesen Schritt vorher genau durchdacht zu haben. Wenig verwunderlich, daß damit Flops beim Einstieg in ein anderes Unternehmen programmiert sind – bis hin zur Arbeitslosigkeit. Denn jeder Wechsel ist zunächst einmal ein Risiko. Doch richtig geplant wird der Umstieg zum Erfolg.

So planen Sie den Wechsel

- Werden Sie sich Ihrer Stärken und Schwächen bewußt. In welchen Positionen, Firmen, Branchen können Sie Ihre Talente besonders gut einbringen? Wo werden Sie wahrscheinlich überhaupt nicht klarkommen? Bei welchen Arbeitgebern könnten Sie Ihre Kontakte zu Lieferanten und Kunden auch in Zukunft nutzen?

- Verheimlichen Sie die Wechselpläne nicht vor Ihren Angehörigen. Bestehen Sie aber auf absolute Verschwiegenheit gegenüber dem Bekanntenkreis. Ist die Familie bereit, Umzug, Schulwechsel sowie den Verlust enger Freunde auf sich zu nehmen? Falls ja: Jetzt können Sie das Vorhaben intensiv weiterverfolgen.
- Informieren Sie sich ausführlich über mögliche Arbeitgeber und die Branche, in die Sie wechseln wollen. Schauen Sie dazu auch in das Internet. Mehr als 80 Prozent aller großen Unternehmen und eine ständig steigende Zahl von kleinen und mittelständischen Firmen präsentieren sich dort und schreiben online häufig interessante Positionen aus. Oft genug verhilft aber nur ein vorübergehendes Auftragshoch einer Firma zu Personalbedarf und einer Branche zu ansteigenden Umsatzkurven. Schon nach kurzer Zeit kann dieser Trend vorbei sein. Verfolgen Sie deshalb die Geschichte interessanter Unternehmen einige Jahre zurück. War der Betrieb immer so erfolgreich wie heute? Hat er schon schlechtere Zeiten durchgemacht? Ist die Produktpalette auf dem neuesten Stand? Hat die Abteilung Forschung und Entwicklung in den zurückliegenden Jahren häufiger durch aufsehenerregende Projekte auf sich aufmerksam gemacht?
- Nehmen Sie Kontakt zu Personalberatern oder – geht es um Sachbearbeiterpositionen – zu Personalvermittlern auf.
- Bewerben Sie sich nicht per »Postwurfsendung«. Personalchefs und Personalmakler tauschen häufig Informationen aus. Auf Vielbewerber reagieren sie mißtrauisch.
- Reagieren Sie nicht auf Stellenangebote, deren Anforderungsprofil Sie nicht mindestens zu 80 Prozent entsprechen.
- Werden Sie sich, bevor Sie mit den Vorbereitungen des Ab-

schieds beim alten Arbeitgeber beginnen, noch einmal über die Tragweite des geplanten Schritts klar. Sie müssen von Ihrem Wechsel restlos überzeugt sein, sonst gelingt es Ihnen kaum, beim ersten Bewerbungsgespräch zu überzeugen.

- Kündigen Sie den Arbeitsvertrag nicht überhastet. Warten Sie ab, bis Ihnen die schriftlichen Vereinbarungen mit Ihrem zukünftigen Chef vorliegen.
- Hat man Ihnen den neuen Arbeitsvertrag zugeschickt, können Sie Personalabteilung und Vorgesetzten informieren.
- Diskutieren Sie nicht mit den ehemaligen Kollegen über die Gründe für Ihren Wechsel.
- Erfüllen Sie Ihre Aufgaben bis zum letzten Tag mit Sorgfalt und Engagement. Gerade bei einem Umstieg innerhalb der Branche gilt: »Man sieht sich immer irgendwo wieder.« Peinlich und karriereschädigend ist es, wenn Ihnen schließlich ein schlechter Ruf anhängt.

Crashkurs: Die optimale Bewerbung

Rund 80 Prozent aller Bewerber – dazu gehören auch hochkarätige Führungskräfte – scheitern schon bei der Vorlage ihrer Bewerbungsunterlagen. Beachten Sie deshalb:

Formalitäten

- Benutzen Sie nur weißes, unliniertes Schreibmaschinenpapier (DIN-A4-Format). Absolut unmöglich: die vorgedruckten Bewerbungsformulare aus dem Schreibwaren- oder Buchhandel.
- PC oder zumindest Schreibmaschine sind ein »Muß« (Zeilenabstand: eineinhalb). Füller oder Filzschreiber dürfen Sie nur im äußersten Notfall verwenden.
- Formulieren Sie für jede Bewerbung ein neues Bewerbungsschreiben und einen neuen Lebenslauf. Der Grund: Die Leser

wollen Unterlagen, die individuell auf die ausgeschriebenen Positionen zugeschnitten sind.

- Zeugniskopien sind erlaubt, sogar erwünscht. Duplikate von Lebensläufen und Bewerbungsschreiben gelten hingegen als Mangel.
- Tipp- und Zeichensetzungsfehler quittieren Personalbüros mit höchstem Mißfallen. Lassen Sie deshalb Ihre Unterlagen immer noch einmal sorgfältig Korrektur lesen.
- Bewerbungsfotos sollten nur aus dem Atelier eines Fotografen stammen, niemals aus billigen Automaten. Achten Sie beim Fototermin auf korrekte Kleidung (Schlips, Bluse). Die Kosten für den Fotografen dürfen Sie anschließend von der Steuer absetzen.
- Bewerbungsunterlagen gehören – bis auf das Bewerbungsschreiben – in Klarsichthüllen. Je eine Hülle für Schul- und Arbeitszeugnisse, Diplome und so weiter genügt – das jeweils neueste Dokument legen Sie obenauf.
- Ordnen Sie die Klarsichthüllen nach der vorgegebenen Reihenfolge (siehe Seite 163ff.) in einen Plastikordner mit durchsichtigem Deckblatt.
- Sparen Sie nicht am falschen Ende. Ihre Bewerbungsmappe gehört nur in einen strapazierfähigen Umschlag, der den Versand unbeschädigt übersteht. Vergewissern Sie sich auch, mit wie vielen Briefmarken Ihre Sendung zu bekleben ist. Zu wenig frankierte Briefe nehmen viele Unternehmen gar nicht erst an.
- Lassen Sie sich mit dem Versand der Mappe Zeit – eine Woche bis zehn Tage sind kein Problem. Allzu eilige Bewerber geraten leicht in den Verdacht, unbedingt auf die ausgeschriebene Stelle angewiesen zu sein.
- Fragen Sie frühestens nach drei bis vier Wochen, wann Sie mit einer Reaktion auf die Bewerbung rechnen können. Wer sich früher meldet, gilt nicht gerade als besonders interessant.

Aufbau und Inhalt der Bewerbungsmappe

Für die Gestaltung einer Bewerbungsmappe gibt es keine festgeschriebenen Regeln. Dennoch hat sich für Aufbau und Inhalt in der Praxis das folgende Schema durchgesetzt.

1. *Das Bewerbungsschreiben.* Dieses Blatt gehört ganz oben auf alle anderen Dokumente. Lochen Sie es nicht und heften Sie es nicht in die Mappe ein. Legen Sie das Papier auf die übrigen Unterlagen. Versehen Sie das Schreiben mit Ihrem vollständigen Vor- und Zunamen, Adresse, Privat-Telefonnummer und Datum. Fassen Sie sich kurz: Ein Bewerbungsschreiben sollte nicht länger als eine Seite sein.

Inhalt und Aufbau: Das Bewerbungsschreiben ist Ihre ganz persönliche »Visitenkarte«. Hier gilt es, dem Leser, der jeden Tag eine Flut von Bewerbungen auf den Schreibtisch bekommt, »Appetit« zu machen, auch die übrigen Unterlagen durchzuarbeiten.

- Betreff. Vermerken Sie zunächst mit kurzen Worten, wann und wo Sie von der ausgeschriebenen Stelle gelesen oder gehört haben und um welche Position es sich handelt.
- Persönliche Ansprache. Kennen Sie den Ansprechpartner nicht, nutzen Sie die traditionelle Formel »Sehr geehrte Damen und Herren«.
- Einleitung. Der erste Satz beginnt am besten mit einer persönlichen Anrede. Sie könnte zum Beispiel lauten: »Sie suchen einen/eine ...« Vermeiden Sie Formulierungen wie »Ich möchte mich bei Ihnen um die Stelle eines ... bewerben«. Damit signalisieren Bewerber mangelndes Selbstbewußtsein.
- Selbstdarstellung. Jetzt heißt es, sich dem Unternehmen oder dem Personalberater zu präsentieren. Tragen Sie dabei nicht allzu dick auf. Personalexperten hassen es, wenn sich ein Kandidat mit übertrieben schönen Worten anpreist. Eine

kurze Erläuterung, warum gerade Sie der richtige Mann/die ideale Frau sind, überzeugt viel eher. Schildern Sie zum Beispiel, welche Ausbildung Sie absolviert haben, welche Positionen Sie innehatten und wieviel Verantwortung damit verbunden war.

- Zusätzliche Kenntnisse und Fähigkeiten. Besitzen Sie Knowhow, das für die ausgeschriebene Stelle besonders interessant sein könnte? Verfügen Sie eventuell über sehr gute Sprachkenntnisse oder Erfahrungen mit speziellen PC-Programmen? Falls ja: Nennen Sie an dieser Stelle im Bewerbungsschreiben Ihre Stärken. Was können Sie wahrscheinlich besser als andere Kandidaten? Weisen Sie auch auf besuchte wichtige Seminare hin.
- Gehaltsvorstellungen. Hin und wieder bitten Unternehmen um Angabe von Gehaltswünschen. Verlangt man von Ihnen diese Information, können Sie bedenkenlos bis zu 20 Prozent mehr verlangen als der jetzige Arbeitgeber zahlt. Vorsicht: Nennen Sie Ihre Gehaltsvorstellungen niemals unaufgefordert. Wer dieses heikle Thema schon vor dem Vorstellungsgespräch anschneidet, sammelt Minuspunkte.
- Eintrittstermin. Ein möglicher neuer Arbeitgeber will natürlich genau wissen, zu welchem Zeitpunkt Sie bei ihm einsteigen können. Schauen Sie noch einmal in den alten Arbeitsvertrag, wann Sie dem Chef endgültig den Rücken kehren dürfen.
- Bewerbungsgrund. Hüten Sie sich davor, über Ihr derzeitiges Unternehmen zu schimpfen. Beschreiben Sie statt dessen, warum Ihnen gerade an der neuen Firma gelegen ist.
- Schlußformulierung. Der Satz »Ich würde mich freuen, von Ihnen zu hören« genügt. Alles andere klingt zu unterwürfig. Schließen Sie mit der klassischen Formulierung »Mit freundlichen Grüßen«. Achtung: Unterschrift mit vollständigem Vor- und Zunamen nicht vergessen.

2. *Der Lebenslauf.* Neben dem Bewerbungsschreiben ist der Lebenslauf das wichtigste Dokument in Ihrer Mappe. Entdecken die Mitarbeiter der Personalabteilungen nur die kleinste Lücke oder Ungereimtheit in der chronologischen Beschreibung von Ausbildung und Karriere, reagieren sie äußerst skeptisch. Intensives Nachfragen oder sogar Absagen sind ebenfalls programmiert, wenn sich die Kandidaten mit Schule und Ausbildung viel Zeit gelassen oder allzu häufig den Arbeitgeber gewechselt haben. Hüten Sie sich jedoch vor besonders ausführlichen Formulierungen. In der Regel genügt ein »tabellarischer Lebenslauf« (nicht länger als eine Seite) mit stichwortartigen Informationen. Achtung: Vergessen Sie am Beginn der Seite nicht Ihren Vor- und Zunamen sowie Ihre Anschrift. Unterschreiben Sie den Lebenslauf mit vollem Namen und nennen Sie das aktuelle Datum. Heften Sie in die rechte obere Ecke des Blattes ein Paßfoto (am besten farbig).

Inhalt und Aufbau: Der Lebenslauf soll erste Aufschlüsse über die Qualifikation des Bewerbers geben. Was macht gerade ihn zum idealen Kandidaten/zur optimalen Bewerberin?

- Persönliche Daten. Der Lebenslauf beginnt mit Geburtsort und -datum. Familienstand und Konfession können Sie sich sparen. Ausländer und alle, die einen ausländisch klingenden Namen haben, geben zusätzlich ihre Nationalität an.
- Ausbildung. Beginnen Sie mit dem Ein- und Austrittsjahr in die Grundschule. Anschließend folgen die entsprechenden Angaben über weiterführende Schulen wie Haupt-, Realschule oder Gymnasium sowie der erreichte Abschluß plus Abschlußnote. Wer das 30. Lebensjahr überschritten hat, kann auf detaillierte Informationen über seine Schulbildung verzichten, muß jedoch Gesamtdauer und Abschluß angeben. Danach folgen wichtige Kurse und Seminare, deren Besuch die Eignung für den ausgeschriebenen Job erhöht.

- Berufspraxis. Hier genügen Eintrittsjahr und Austrittsdatum bei den früheren Arbeitgebern sowie eine kurze Beschreibung der jeweiligen Tätigkeiten. Vorsicht: Nennen Sie den Namen Ihres augenblicklichen Arbeitgebers jetzt noch nicht. Helfen Sie sich mit Formulierungen wie »ein bekannter Automobilzulieferer« oder »ein mittelständisches Ingenieurbüro«. An dieser Stelle sollten Sie auch auf besondere persönliche Qualifikationen hinweisen. Haben Sie zum Beispiel den Vorgesetzten während dessen Krankheit oder Urlaub vertreten?
- Sprachkenntnisse. Wer eine Fremdsprache beherrscht, macht sich immer interessant. Sagen Sie aber ganz ehrlich, wie gut Ihre Kenntnisse sind (Grundkenntnisse, ausbaufähig, verhandlungssicher oder perfekt in Wort und Schrift).
- Hobbys. Niemand will wissen, ob der Bewerber passionierter Briefmarkensammler oder leidenschaftlicher Motorradfahrer ist. Oft bewerten Unternehmen Hobbys sogar mit Minuspunkten. Beschränken Sie sich deshalb ausschließlich auf die Nennung von Freizeitbeschäftigungen, die in irgendeiner Verbindung zu der möglichen neuen Aufgabe stehen.
- Referenzen. Empfehlungen ehemaliger Arbeitgeber, Kunden oder Lieferanten gehören nur auf ausdrücklichen Wunsch des Unternehmens in einen Lebenslauf. Unaufgefordert beigelegte Referenzen bringen keine Vorteile – im Gegenteil.

3. *Zeugnisse.* Die Einstellungsbeauftragten der Firmen verlassen sich natürlich nicht nur auf die Angaben in Bewerbungsschreiben und Lebenslauf. Sie verlangen den schriftlichen Nachweis der Qualifikation – durch lückenlose Ausbildungs- und Arbeitszeugnisse. Bewerber, die schon länger im Beruf stehen, können allerdings auf die komplette Dokumentation verzichten. Bei ihnen genügen Beurteilungen der Arbeitgeber. Großen Wert messen Personalabteilungen dabei den Zeugnis-

sen der beiden letzten Unternehmen bei. Kein Problem, wenn Sie die Aussagen des derzeitigen Chefs noch nicht beilegen können. Ein Zwischenzeugnis oder das Ergebnis des letzten Beurteilungsgesprächs genügt auch.

4. *Nachweis zusätzlicher Kenntnisse und Fähigkeiten.* Sie wissen es ja schon: Arbeitgeber wollen nur erfahren, was einen Bewerber wirklich von anderen Kandidaten abhebt. Fügen Sie also ausschließlich Zeugnisse oder Teilnahmebestätigungen von Seminaren und Lehrgängen bei, die Sie für den Job besonders attraktiv machen.

5. *Schriftproben.* Graphologische Tests erfreuen sich bei einigen Firmen nach wie vor großer Beliebtheit. Verlangt man von Ihnen eine Schriftprobe (eine Seite ist genug), müssen Sie also zu Füller oder hochwertigem Filzschreiber greifen. Schreiben Sie einen Artikel aus der Tageszeitung ab, der wiederum in irgendeinem Bezug zu der möglichen neuen Stelle stehen sollte – zum Beispiel einen Bericht über die Branche des Unternehmens. Wichtig: Versuchen Sie nicht, Ihre Schrift zu verstellen. Erfahrene Graphologen entlarven solche Tricks sofort.

Das Vorstellungsgespräch

Auch diese Gespräche laufen meist nach einem bestimmten Raster ab. Nutzen Sie die Tage bis zu Ihrem Termin für eine intensive Vorbereitung, damit Sie einen guten Eindruck machen.

- Besorgen Sie sich Informationsmaterial über den möglichen neuen Arbeitgeber. Einige Unternehmen versenden auf Anforderung gerne Broschüren und Jahresberichte – nutzen Sie dieses Angebot. Was Sie unbedingt wissen sollten: Wie fiel das Geschäftsergebnis in der Vergangenheit aus? Wem gehört das Unternehmen? Wo unterhält es Tochtergesellschaften und

Niederlassungen? Wie sieht das Produktions- oder Dienstleistungsprogramm aus?

- Halten Sie sich möglichst an den Vorstellungstermin, der vom Unternehmen vorgeschlagen wurde. Wer demonstrieren will, in welcher Terminnot er lebt, erntet keine Anerkennung – im Gegenteil. Bei einem schwerwiegenden Grund dürfen Sie aber natürlich um eine Verlegung bitten.
- Lesen Sie vor dem Gespräch die Bewerbungsunterlagen noch einmal sorgfältig durch. Untersuchen Sie die Stellenanzeige, auf die Sie sich beworben haben, ebenfalls erneut auf eventuelle Unklarheiten. Personalexperten reagieren höchst gereizt auf Fragen, die beim genauen Hinsehen bereits der Annoncentext beantwortet hätte. Überprüfen Sie Zeugnisse und Lebenslauf auf mögliche Lücken, fehlende Dokumente oder eventuelle Ungereimtheiten. Man wird mit Sicherheit nach Begründungen für solche Mängel fragen.
- Überlegen Sie sich rechtzeitig, welche Fragen auf Sie zukommen könnten. Bereiten Sie entsprechende Antworten vor. Ein Zettel mit Stichworten ist durchaus erlaubt.
- Nehmen Sie Kopien der eingesandten Bewerbungsunterlagen zu dem Termin mit. Das sieht nicht nur besser aus. Sie können bei eventuellen Fragen schneller reagieren. Einen Schreibblock und einen Stift sollten Sie ebenfalls einpacken. Notieren Sie während des Gesprächs aber nur Stichworte.
- Versuchen Sie unbedingt, den genauen Namen des Gesprächspartners herauszubekommen. Fragen Sie noch einmal nach, wenn Sie befürchten, ihn nicht genau verstanden zu haben. Rufen Sie die Sekretärin lieber ein zweites Mal an, anstatt die Dame oder den Herrn mit einem falschen – oder nur falsch ausgesprochenen – Namen zu vergrämen. Erkundigen Sie sich ebenfalls danach, ob Sie es eventuell mit einem »Doktor« oder dem Träger eines Adelsprädikats zu tun haben.

- Reichen Sie beim alten Arbeitgeber rechtzeitig Urlaub ein. Sie können dann den geplanten Wechsel noch geheimhalten und sich in Ruhe auf das Vorstellungsgespräch vorbereiten.

Überzeugendes Verhalten hilft Pluspunkte sammeln. Mit ein paar Tricks können Sie nachhaltig auf sich aufmerksam machen:

- Überzeugen Sie durch geduldiges Zuhören. Lassen Sie möglichst den Gesprächspartner reden.
- Versuchen Sie nicht, sich in den Vordergrund zu spielen. Fragen Sie nur dann, wenn es in den Gesprächsverlauf paßt und für Sie wirklich wichtig ist.
- Hüten Sie sich vor dem Satz »Ich habe keine Fragen mehr«. Oft scheiden Bewerber allein wegen dieser Aussage aus dem Wettbewerb um eine neue Stelle aus. Ein paar Fragen über Branche, Pläne des Unternehmens, Konkurrenzsituation, Kunden und Lieferanten sollten Sie immer parat haben.
- Erzählen Sie nie mehr, als Sie wirklich gefragt werden. Wer unaufgefordert Begebenheiten aus dem Hause seines alten Arbeitgebers ausplaudert, nimmt sich ohnehin ganz schnell die Chancen auf die ausgeschriebene Position.
- Versuchen Sie sich so locker zu geben, wie Sie nur können. Schauen Sie den Gesprächspartner an. Halten Sie Hände und Beine ruhig. Bemühen Sie sich aber nicht um allzu große Lässigkeit.
- Verzichten Sie beim ersten Vorstellungsgespräch auf intensive Fragen nach Verdienstmöglichkeiten, Aufstiegschancen und Sozialleistungen. Sollten Sie auf Ihr Gegenüber einen besonders guten Eindruck machen, werden diese Themen ohnehin zur Sprache kommen. Fragt man Sie dann nach Ihren Gehaltswünschen, dürfen Sie durchaus einen Zuschlag von bis zu 20 Prozent auf das derzeitige Einkommen verlangen.

- Streuen Sie hin und wieder ein Lob für das Unternehmen ein, bei dem das Gespräch stattfindet. Das kann zum Beispiel die letzte Werbekampagne, die Eröffnung einer neuen Fabrik oder ein wichtiger Beitrag der Firma zum Umweltschutz sein.

Ein paar Fragen kommen nahezu in jedem Vorstellungsgespräch vor. Zu den Standardfragen gehören:

- »Warum haben Sie sich gerade bei unserem Unternehmen beworben?« Jetzt dürfen Sie ruhig ein wenig schmeicheln. Übertreiben Sie aber nicht zu sehr.
- »Kennen Sie eigentlich unser Unternehmen?« Auf diese Frage müssen Sie natürlich mit einem deutlichen »Ja« antworten. Besorgen Sie sich also rechtzeitig Broschüren und anderes Informationsmaterial.
- »Welche Hobbys haben Sie? Sind Sie Mitglied in einem Verein?« Gut, wenn Sie jetzt auf eine Mannschaftssportart wie Fußball hinweisen können. Wer mit anderen Sport treibt, beweist Teamgeist. Das gilt auch für Bewerber, die eine Position in der Vereinsführung übernommen haben.
- »Wie oft haben Sie sich schon beworben?« Sie dürfen es ruhig sagen, wenn Sie Ihre Mappe bereits an mehrere Unternehmen geschickt haben. Nennen Sie aber nicht die Namen dieser Firmen.
- »Wo möchten Sie in fünf Jahren stehen?« Darauf gibt es natürlich keine realistische Antwort. Sagen Sie, es käme vor allem darauf an, gute Arbeit zu leisten. Alles andere müsse sich dann erweisen.
- »Was sind Ihre besonderen Stärken?« Pauschale Antworten, wie »Ich bin entscheidungsfreudig«, reichen nicht. Überzeugen Sie durch Beispiele. Berichten Sie über erfolgreiche Projekte, die Ihre Qualitäten beweisen.
- »Wo liegen Ihre besonderen Schwächen?« Wer vorgibt, ohne

Fehler zu sein, disqualifiziert sich sofort. Gestehen Sie hingegen eine Schwäche – zum Beispiel: »Ich kann schlecht warten« – hält man Sie leicht für einen entscheidungsfreudigen »Macher«.

- »Was können gerade Sie für unser Unternehmen tun?« Antworten Sie auch auf diese Frage mit Beispielen von Projekten, bei denen Sie Erfolg hatten.
- »Könnten Sie sich vorstellen, noch einmal in Ihr altes Unternehmen zurückzukehren?« Hier erwartet der Gesprächspartner wiederum ein überzeugendes »Ja«. Wer deutlich macht, mit dem früheren Arbeitgeber nie wieder etwas zu tun haben zu wollen, macht Interviewer mißtrauisch.

Kalkulationshilfe für Stellenwechsler

Lassen Sie sich nicht von vermeintlich hohen Gehältern blenden, die Ihnen ein möglicher neuer Arbeitgeber bietet. Oft bleibt von dem verlockend klingenden Zuschlag nur wenig übrig.

So müssen Sie rechnen

Addieren Sie zu Ihrem bisherigen Bruttogehalt

- Erfolgsprämien;
- Boni, Gratifikationen;
- Urlaubs-/Weihnachtsgeld;
- betriebliche Altersversorgung;
- soziale Vorteile (zum Beispiel zinsgünstige Firmendarlehen);
- finanzielle Vorteile (zum Beispiel ein privat genutzter Dienstwagen);
- Deputate oder verbilligte Einkaufsmöglichkeiten und weitere Nebenleistungen.

Vergleichen Sie schließlich das Ergebnis der Addition mit dem Bruttogehalt, das man Ihnen anbietet.

Register